# Anekdoten und Geschichten zur Weißeritztalbahn

## Freital-Hainsberg - Kurort Kipsdorf

**Widmung**

Lieber Papa,
zu Deinem 60. Geburtstag
widme ich Dir dieses Buch
als Dankeschön für viele
gemeinsame Eisenbahnausflüge
und unvergessliche Erlebnisse!
Dein Stefan

**99 1734-5 und 99 1793-1 stehen nach der Ankunft des Eröffnungszuges zur Wiederinbetriebnahme des II. Bauabschnittes am 17. Juni 2017 im Bahnhof Kurort Kipsdorf. Foto: Stefan Müller**

**Titelbilder: Am 10. Mai 1985 ist 99 1746 mit GmP 69915 oberhalb von Obercarsdorf unterwegs. Am 30. September 2017 beschleunigt 99 713 ihren Altbauwagenzug zum wenige hundert Meter entfernten Endbahnhof Kurort Kipsdorf. Fotos: Dirk Steckel / Jörg Müller**

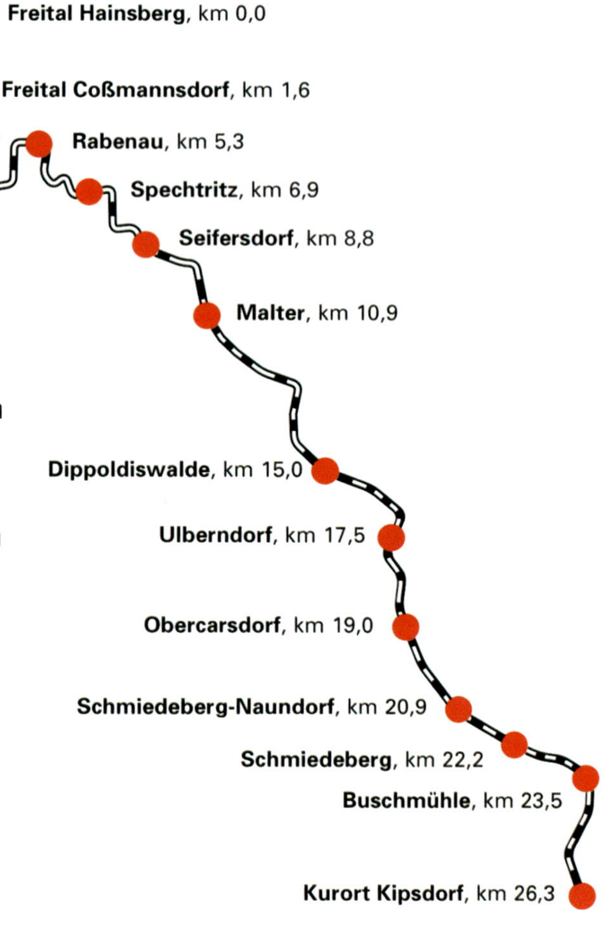


**Quelle: http://www.dampfbahn-route.de/de/saechsische-schweiz_osterzgebirge/34/Weisseritztalbahn.html**

<u>Über den Autor:</u>
Geboren 1987, schloss ich meine Schulausbildung mit dem Abitur 2007 am „Glückauf-Gymnasium“ in Altenberg ab. Bis 2014 absolvierte ich ein Studium der Verkehrswirtschaft an der Technischen Universität Dresden, welches ich mit dem Titel „Master of Science“ beendete.
<u>Publikationen:</u>
Neben der Mitarbeit an den Fachzeitschriften „Drehscheibe“, „Preß-Kurier“ und „Dampfbahn-Magazin“ veröffentliche ich auch eigene Publikationen.
Im Bildverlag Böttger ist bereits 2017 mein Buch „Geschichten und Anekdoten zur Müglitztalbahn“ erschienen.
Zudem engagiere ich mich ehrenamtlich in der IG Weißeritztalbahn.



ISBN 978-3-937496-89-4

**Bildverlag Böttger GbR**
W. I. T. der Gewerbepark
Witzschdorfer Hauptstraße 94
09437 Witzschdorf
Telefon: 0 37 25 / 2 01 40
Fax: 0 37 25 / 2 02 40
www.boettger-bildverlag.de
E-Mail: info@boettger-bildverlag.de

1. Auflage 2018

# Inhaltsverzeichnis

| Meißen-Triebischtal | Freital-Hainsberg |
|---|---|
| Meißen | Freital-Hainsb West |
| Neusörnewitz | Freital-Coßmannsdorf |
| Coswig (Bz Dresden) | Rabenau |
| Radebeul-Zitzschewig | Spechtritz |
| Radebeul West | Seifersdorf |
| Radebeul-Weintraube | Malter |
| Radebeul Ost | Dippoldiswalde |
| Dresden-Trachau | Ulberndorf |
| Dresden-Pieschen | Obercarsdorf |
| Dresden-Neustadt | Schmiedeberg-Naundf |
| Dresden Mitte | Schmiedeberg (Bz Dre) |
| Dresden Hbf | Buschmühle |
| Dresden-Plauen | Kurort Kipsdorf |
| Freital-Potschappel | |
| Freital-Deuben | Personenzug 2. Kl |
| Freital-Hainsberg | Nicht übertragbar |
| Freital-Hainsberg West | Reihe 15 |
| Tharandt | Verr-Bf: Freit.-Hainsberg |
| Edle Krone | |
| Klingenberg-Colmnitz | L08404 |
| Niederbobritzsch | |
| Muldenhütten | |
| Freiberg (Sachs) | |

Dieser Fahrschein gilt nur bis zu der durch Lochung bezeichneten Haltestelle. Keine Fahrtunterbrechung.
(51)

| So | Erm. | Dresden | Meißen | Tharandt | Freiberg | Kipsdorf |
|---|---|---|---|---|---|---|

Fahrschein 2. Klasse um 1985.

| E | E Halbpr. | Rf | Rf Halbpr. | Verr. | DM |
|---|---|---|---|---|---|
| — | — | Preisstufe 2 | — | 8,40 | 10,00 |
| — | — | — | Preisstufe 4 | 8,40 | 8,40 |
| Preisstufe 3 | — | — | — | 6,40 | 8,40 |
| — | — | — | Preisstufe 3 | 6,30 | 6,40 |
| — | Preisstufe 5 | — | — | 5,60 | 6,30 |
| — | — | Preisstufe 1 | — | 5,20 | 5,60 |
| — | Preisstufe 4 | — | — | 5,00 | 5,20 |
| Nachlöseentgelt | | | | 5,00 | 5,00 |
| Fahrradkarte Nahverkehr | | | | 5,00 | 5,00 |
| — | — | — | Preisstufe 2 | 5,00 | 5,00 |
| Preisstufe 2 | — | — | — | 4,20 | 5,00 |
| — | Preisstufe 3 | — | — | 2,80 | 4,20 |
| — | — | — | Preisstufe 1 | 2,80 | 2,80 |
| Preisstufe 1 | — | — | — | 2,50 | 2,80 |
| — | Preisstufe 2 | — | — | 1,40 | 2,50 |
| — | Preisstufe 1 | — | — | — | 1,40 |

von

31093 3 99052   433

Nur gültig am Lösungstag

DB Schmalspurbahnen in Sachsen

L 4400 (02/97)

1366161   2. Klasse

Fahrschein 2. Klasse um 1995.

**DEUTSCHE REICHSBAHN**

Nr.

| Erster Geltungstag | Gültig bis einschließlich Hinfahrt | Rückfahrt |
|---|---|---|
| 15 05 88 | 15 05 88 | 15 05 88 |

Tarif: SONNTAGSRUECKFAHRT 2 Kl P -Zug

von FREITAL-HAINSBERG
nach RABENAU
über

| Erw. | Kind | Entfernung | Preis |
|---|---|---|---|
| 1 | 0 | 0005 km | ******0,70 M |

Sonntagsrückfahrkarte vom 15.05.1988 von Freital-Hainsberg nach Rabenau für 0,70 Mark.

| Preisstufe | | |
|---|---|---|
| Preisstufe 5 | 2,50 | 3,00 |
| Preisstufe 4 | 1,50 | 2,50 |
| Preisstufe 3 | 1,50 | 1,50 |
| Preisstufe 2 | 0,75 | 1,50 |
| Preisstufe 1 | | 0,75 |

von: Dipw

Geltungstag:

**Weißeritztalbahn**

Fahrten mit
IG Weißeritztalbahn e.V.
IG Preßnitztalbahn e.V.
Traditionsbahn Radebeul

2. Klasse   № 000383

Sonderfahrschein Weißeritztalbahn Dippoldiswalde - Seifersdorf 2003.

# 1 Grußworte

*(von Thomas Kirsten - Bürgermeister des Kurortes Altenberg)*

Sehr geehrte Leserinnen und Leser,
liebe Eisenbahnfreunde!
Die Weißeritztalbahn nahm ihren Betrieb im Jahr 1882 auf und ist nunmehr die älteste im Betrieb befindliche Schmalspurbahn Sachsens, so war es zumindest bis zu einer der größten Naturkatastrophen in unserer Region im Jahr 2002. Das Schienennetz von Freital bis in den Kurort Kipsdorf war völlig zerstört und der Wiederaufbau der Gesamtstrecke dauerte 15 Jahre. Aufgrund dieses Ausfalls hat uns wohl der „Lößnitz-Dackel" hinsichtlich der Betriebsjahre überholt, aber wir sind dennoch glücklich, dass es nunmehr geschafft ist und unsere Bahn wieder fährt. Selbst einige Eisenbahnfreunde hatten schon Zweifel daran, aber die Bürgerschaft im Weißeritztal, die Mitglieder der Interessensgemeinschaft Weißeritztalbahn e. V. sowie Politiker aus unserer Region haben sich immer wieder dafür stark gemacht, dass dieser Zeitzeuge, dieses wertvolle Stück Heimat und natürlich auch ein Stück weit Industriegeschichte erhalten bleibt.

Am 17. Juni 2017 war es dann geschafft. Glücklich und gespannt war es mir vergönnt, gemeinsam mit vielen Freunden, den Eröffnungszug nutzen zu dürfen und es war Gänsehaut pur den tausenden Menschen zu begegnen, die die Strecke entlang der Weißeritztalbahn säumten. Ein Hochgefühl der Emotionen war es, als die Weißeritztalbahn im Endbahnhof von Kurort Kipsdorf einfuhr.

In der Vergangenheit diente unsere Bahn vor allem dem Transport von Gütern, für den Berufs- und Schülerverkehr, aber auch tausende Touristen kamen vom Flachland ins Erzgebirge. Wir möchten an diese Tradition anknüpfen und den Erwerbszweig Fremdenverkehr mit dieser Bahn stärken. Die Weißeritztalbahn ist das ganze Jahr über ein wichtiger Anziehungspunkt für unsere Gäste, die unsere einzigartige Naturlandschaft zum Entspannen und zur aktiven Erholung nutzen möchten und somit wurde wieder ein Mosaiksteinchen fertiggestellt, welches unser Ansinnen zum Ganzjahrestourismus wesentlich bereichert.

Um noch mehr Urlauber zu gewinnen, braucht es aber auch Verknüpfungen mit anderen Angeboten in der Region sowie mit der benachbarten Müglitztalbahn. So lassen sich zum Beispiel auch herrliche Rundreisen von der Landeshauptstadt Dresden aus unternehmen, bei denen die Besucher unter anderem die Möglichkeit haben, den Rabenauer Grund zu erkunden, genauso wie das Lohgerbermuseum in Dippoldiswalde, das Bergbaumuseum in Altenberg oder das Uhrenmuseum in Glashütte zu besuchen. Hierfür wäre es wünschenswert, wenn es eine „Rundfahrkarte" gäbe, die einmal gekauft, auf allen Teilstrecken genutzt werden könnte. Vielleicht wird es diese in naher Zukunft wieder geben, so wie zu Zeiten der Königlich

Sächsischen Staatseisenbahnen. Auch kombinierte Fahr- und Eintrittskarten sind eine Option, damit die Weißeritztalbahn noch attraktiver wird und damit noch mehr Fahrgäste generiert werden können.

Die anliegenden Städte und Gemeinden profitieren vornehmlich von der wiederaufgebauten Bahn, aber die Wertschöpfung erfolgt in der gesamten Region. So ein Dampfzug ist etwas ganz besonderes, nicht nur für die mitfahrenden Gäste, sondern auch für Eisenbahnenthusiasten entlang der Strecke. Die Weißeritztalbahn stärkt die Branche Tourismus und somit werden Arbeitsplätze direkt in der Hotellerie und Gastronomie gesichert, im Einzelhandel, aber natürlich auch in allen Dienstleistungsunternehmen. Der Tourismus sichert im Erzgebirge mehr als 50.000 Arbeitsplätze und vor diesem Hintergrund ist es meinen Amtskollegen und mir sehr wichtig, dass diese wunderbare Weißeritztalbahn in den kommenden Jahren noch bekannter wird und attraktive Angebote, sowohl in der Bahn selbst, aber auch darüber hinaus an den Haltepunkten weiterentwickelt beziehungsweise neu geschaffen werden.

Der erste Schritt ist getan, in dem am 17. Juni 2017 diese Schmalspurbahn wieder bis in den Kurort Kipsdorf fahren konnte. Nunmehr geht es vornehmlich um die Vermarktung und die Schaffung zusätzlicher Angebote, um die Gäste aus der ganzen Welt in unsere wunderschöne Region zu locken und sie förmlich zum Wiederkommen einzuladen.

Aber auch für unsere Bürgerschaft ist die Weißeritztalbahn eine Attraktion, denn was gibt es im Sommer schöneres als sich im Aussichtswagen den Wind um die Nase wehen zu lassen und den Sonnenschein zu genießen oder im Winter im wohlig warmen Wagen durch die Winterlandschaft zu reisen und mit den Skiern über Kurort Bärenfels und Schellerhau auf die höchste Erhebung des Osterzgebirges, den Kahleberg, zu fahren?!

Sehr geehrte Leserinnen und Leser, ich möchte mich ganz herzlich beim Verfasser dieses Buches, Herrn Stefan Müller, bedanken und ich würde mich freuen, wenn Sie (wieder) einmal mit der Weißeritztalbahn fahren würden, um unsere einzigartige Landschaft zu erkunden!

Der Weißeritztalbahn wünsche ich allzeit gute sowie „hochwasserfreie“ Fahrt!

„Glück Auf!“

Thomas Kirsten
Bürgermeister Kurort Altenberg

**Ein reizvolles Ausflugsziel ist das Glockenspiel im Kurpark Bärenfels. Foto: Stefan Müller**

Sehr geehrte Damen und Herren, liebe Freunde der Weißeritztalbahn!
Es ist soweit, unsere Schmalspurbahn fährt wieder auf ihrer Gesamtstrecke von Freital-Hainsberg bis Kurort Kipsdorf. Beinahe 15 Jahre mussten die Bewohner des oberen Weißeritztals nach dem verheerenden Hochwasser 2002 warten, bis endlich wieder eine Dampflok den Endbahnhof erreichte. Und natürlich mussten Eisenbahnfreunde genauso lange warten, um wieder per Zug das schöne Osterzgebirge bereisen zu können. Doch seit 17. Juni 2017 rollen die Züge wieder! Dieses Ereignis war Anlass für mich, eine Buch über unsere Bahn zu verfassen, in der neben Geschichten und Anekdoten zur Bahn speziell auch die Zeit zwischen 2002 und 2017 betrachtet wird. Viele Fotos zeigen die Situation nach dem Hochwasser, den Wiederaufbau sowie die Wiedereröffnung. Zudem soll auch die Historie der Weißeritztalbahn, welche 1882 bis Schmiedeberg und im Folgejahr bis Kipsdorf eröffnet wurde, dargelegt werden.
Natürlich wäre ohne die Unterstützung von Freunden und Experten der Weißeritztalbahn diese Publikation nicht entstanden, deshalb gebührt ihnen mein Dank! Nachfolgend sollen alle Personen, die zum Entstehen des Werkes beigetragen haben, in alphabetischer Reihenfolge genannt werden:

**- Bellmann, Armin (Rippien)**
**- Börner, Günter (Altenberg)**
**- Familie Böttger (Zschopau)**
**- Fischer, Sebastian (Bärenfels)**
**- Göpfert, Gerd (Tharandt)**
**- Heise, Sören (Langenhagen)**
**- Hengst, Matthias (Dresden)**
**- Metzner, Karl-Heinz (Chemnitz)**
**- Mühle, Johannes (Colmnitz)**
**- Müller, Ines + Jörg (Schlottwitz)**
**- Schwarzer, Heinz (†)**
**- Schwarzer, Steffen (Dresden)**
**- Steckel, Dirk (Dresden)**
**- Steckel, Kevin (Weinböhla)**
**- Walther, Florian (Mühlbach)**
**- Wolf, Karl (Zwickau)**

**Endlich wieder möglich! Eine Fahrt über den Schmiedeberger Viadukt. (27.07.2017) Foto: Stefan Müller**

**Dank gebührt zudem der Bavaria Media GmbH, der BGH Edelstahl Freital GmbH, dem Heimatverein Kipsdorf, der IG Weißeritztalbahn und der SDG Sächsische Dampfeisenbahngesellschaft mbH!**
Meine sehr geehrten Leserinnen und Leser, nun bleibt mir nur noch eines zu sagen: Steigen Sie in die Züge der Weißeritztalbahn ein, genießen Sie eine Fahrt durch diese romantische Gegend und erzählen Sie all Ihren Verwandten und Bekannten, wie schön diese Region ist!

Stefan Müller

Glashütte, März 2018

# 2 Kurze Geschichte der Weißeritztalbahn

## 2.1 Der Weg bis zum Bahnbau

Schon im Jahre 1865 gab es ein erstes Bahnprojekt von Dux nach Dresden, das eine Streckenführung durch das Tal der Roten Weißeritz vorsah. Aufgrund der problematischen Trassierung am südlichen Steilhang des Erzgebirges, welches mehrere Kunstbauten erfordert hätte, sowie den damit verbundenen hohen Herstellungskosten blieb der Bahnbau aus.
Trotz dieses Rückschlages wurde weiterhin für eine Bahn im Weißeritztal gekämpft. So bildete sich in Dippoldiswalde ein Bahnbaukommitee, welches sich für eine Bahn durch das Tal der Roten Weißeritz nach Dippoldiswalde stark machte. Für die Bahnanbindung von Dippoldiswalde gab es mehrere Vorschläge, so z. B. die Verlängerung der Albertbahn Dresden-Tharandt oder die Verlängerung der bis Possendorf führenden Windbergbahn, allerdings scheiterten diese Projekte.
Ein anderes Vorhaben schien mehr Erfolg zu haben: Am 11. April 1876 wandte sich das Dippoldiswalder Eisenbahnkomitee erneut an den sächsischen Landtag. In einer Petition forderte es den Bahnbau von Dresden nach Schmiedeberg auf Staatskosten. Und tatsächlich, im Dezember 1878 begannen die notwendigen Vermessungsarbeiten für eine Secundärbahn von Hainsberg ausgehend bis nach Schmiedeberg. Allerdings stellte sich bald heraus, dass der Bau einer Normalspurbahn durch den engen Rabenauer Grund nicht zu realisieren war, sodass diese Strecke gemeinsam mit der ebenfalls in diesem Zeitraum geplanten Strecke Wilkau-Kirchberg erstmals als schmalspurige Eisenbahn im Königreich Sachsen konzipiert wurde.

## 2.2 Bau und Eröffnung der Strecke

Vom Frühjahr bis zum Herbst 1880 erfolgten die Vermessungsarbeiten für die zu bauende Schmalspurstrecke. Nach Abschluss dieser Arbeiten begannen die Verhandlungen zur Enteignung der für den Bau benötigten Grundstücke.
Für die folgende Konstruktion der Bahnanlagen teilte die Direktion die gesamte Strecke in drei Baulose ein, wobei das dritte Los unter Vorbehalt stand und erst später zur Ausführung kommen sollte:

- Los 1: Hainsberg - Dippoldiswalde
- Los 2: Dippoldiswalde - Schmiedeberg
- Los 3: Schmiedeberg - Kipsdorf

Die eigentlichen Bauarbeiten (Lose 1 und 2) begannen am 16. Juli 1881 mit dem ersten Spatenstich an der Rabenauer Mühle. Eine Schwierigkeit stellte vor allem der enge und felsige Rabenauer Grund dar. Für den Bau der Bruchsteinmauern kamen, wie auch bei anderen Eisenbahnprojekten in dieser Zeit, erfahrene italienische Arbeiter zum Einsatz. Den Bau der zahlreichen Steinbogenbrücken übernahmen hingegen einheimische Firmen, welche ent-

sprechende Referenzen vorlegen konnten.
Die Gleisanlagen bis Schmiedeberg waren am 9. Oktober 1882 fertiggestellt. Fünf Tage später trafen dann auch die ersten beiden Lokomotiven in Hainsberg ein.
Am 18. Oktober 1882 fuhr der erste Probezug mit der Lokomotive Nr. 1 auf der neuen Strecke, allerdings nur bis Naundorf. Die eigentliche Abnahmefahrt fand zwei Tage später statt. Im Ergebnis konnte der 1. November 1882 als Eröffnungstermin festgelegt werden. Die feierliche Einweihung mit einem Festzug für geladene Gäste erfolgte bereits am 30. Oktober 1882. Der planmäßige Zugverkehr umfasste zunächst drei gemischte Zugpaare zwischen Hainsberg und Schmiedeberg.
Bereits am 22. Oktober 1881 begannen die Vermessungsarbeiten auf der restlichen Trasse bis Kipsdorf, deren Bau die Ständeversammlung jedoch erst am 3. April 1882 genehmigte. Planmäßige Züge erreichten den neuen Endbahnhof ab dem 3. September 1883. Eine angeregte weitere Verlängerung der Schmalspurbahn bis Altenberg kam aufgrund der zu erwartenden hohen Kosten nie zustande.

### 2.3 Die ersten 25 Betriebsjahre

Ab dem ersten Betriebstag nutzten die Bevölkerung und das ansässige Gewerbe die Schmalspurbahn rege. Schon bald waren die kleinen I K Dampflokomotiven nicht mehr ausreichend, um das Verkehrsaufkommens zu bewältigen, weshalb die Mehrzahl der Züge mit Vorspannlokomotive fuhren. Zudem erhielten im Jahre 1883 einige Stationen längere Ladegleise.
Die florierende Zeit der Weißeritztalbahn endete jedoch jäh mit dem Hochwasser vom 29. Juli 1897, welches enorme Schäden an der Strecke hinterließ. Fast alle der 40 Brücken waren beschädigt oder wie der Großteil des Bahnkörpers zerstört.
Allerdings begann der Wiederaufbau der Strecke bereits wenige Tage nach der Flutkatastrophe. Schon am 25. August 1897 konnten wieder Reisezüge zwischen Hainsberg und Rabenau rollen. Sechs Wochen nach der Einstellung des Verkehrs war die Gesamtstrecke am 10. September 1897 auf provisorische Weise wieder befahrbar. Die weiteren Wiederaufbauarbeiten dauerten noch bis in das Jahr 1898 an. Beispielsweise musste im Bahnhof Spechtritz die Stützmauer zur Weißeritz komplett neu errichtet werden.
Dass beim Wiederaufbau nach dem Hochwasser vieles richtig gemacht wurde, zeigte sich, als am 14. September 1899 die Weißeritz erneut über die Ufer trat. Hierbei blieben die Schäden jedoch sehr gering. Noch vor der Wende zum 20. Jahrhundert plante die Direktion die Einführung des auf anderen Strecken bewährten Rollbockverkehrs, um in den Schmalspurzügen auch normalspurige Güterwagen befördern und damit das Umladen von Gütern in Hainsberg von Normalspur- in Schmalspurwagen aufgeben zu können. Im Jahr 1902 folgte der Bau der Rollbockgrube. Rollbockverkehr fand zunächst jedoch nur bis zur Spinnerei sowie dem Steinbruch in Coßmannsdorf statt, da im weiteren Verlauf der Strecke erst das nötige vergrößerte Lichtraumprofil hergestellt werden musste. Das Umladen von Gütern blieb also vorerst an der Tagesordnung.

**Ein Foto aus den Anfangsjahren der Weißeritztalbahn. Zu sehen ist ein IV K -geführter Zug im Jahre 1914 in Coßmannsdorf. Versendet wurde diese Postkarte am 29.05.1925.**

**Eine weitere historische Ansichtskarte zeigt das Wasserschloss des Kraftwerkes mit Kaskade im Jahre 1910. Der Poststempel der Karte datiert vom 14.03.1939. Sammlung: Günter Börner**

Infolge dessen waren etliche Felsvorsprünge im Rabenauer Grund sowie der dort befindliche Tunnel am Einsiedlerfelsen abzutragen. Zudem waren die Gleismittenabstände in den Bahnhöfen zu vergrößern, um Unfälle zu vermeiden. Im Februar 1907 musste die Umsetzanlage in Hainsberg nochmals umgebaut werden, da der Einsatz von moderneren Rollwagen in Kürze beginnen sollte. Dies war am 12. Juni 1907 soweit, als erstmals ein Zug mit aufgebockten Normalspurgüterwagen Kipsdorf erreichte.

## 2.4 Die Bahn im Ersten Weltkrieg und in der Inflationszeit

Als Folge der Hochwasserkatastrophe von 1897 sollte das Weißeritztal durch den Bau eines Hochwasserrückhaltebeckens besser geschützt werden. Bevor jedoch der Bau beginnen konnte, musste die Umverlegung der Weißeritztalbahn geplant werden, denn der bisherige Abschnitt von Seifersdorf bis oberhalb der Station Malter würde dann im zukünftigen Staubecken liegen.

Standort der zukünftigen Talsperre sollte Malter sein. Nach Abschluss der Planungen konnte die Staumauer zwischen 1908 und 1913 errichtet werden. Parallel dazu lief, nach der Enteignung der benötigten Flurstücke, die Erstellung einer neuen Trasse für die Schmalspurbahn. Aufgrund der Hanglage der neuen Strecke waren umfangreiche Erdarbeiten sowie der Bau von vier großen Brücken notwendig. Im Bereich des Stausees wurde das Gleis zwei Meter über dem höchsten Wasserspiegel trassiert.

Am 15. April 1912 konnte die neue Strecke mit einem Sonderzug in Betrieb genommen werden. Das alte Gleis von Spechtritz bis zur Sperrmauer diente noch einige Zeit als Materialtransportgleis zur Baustelle. Ein Teil der alten Trasse kann heute noch als Wanderweg genutzt werden.

Doch der Abschnitt zwischen Spechtritz und Malter war nicht die einzige Problemstelle der Weißeritztalbahn. Zu Beginn des 20. Jahrhunderts wuchs die heutige Schmiedeberger Gießerei von einem Kleinbetrieb zu einem Großunternehmen heran. Damit verbunden war ein Anstieg der Güterverkehrsleistung für das Werk. Deshalb musste bereits um 1907 der Bahnhof in Schmiedeberg um längere Kreuzungs- und Ladegleise erweitert werden. Doch es fehlte an Platz für die weitere Ausdehnung, weshalb der Bahnhof nur wenige Jahre später an seine Kapazitätsgrenze stieß. Die Bahnhofsgleise waren so stark besetzt, dass mehrfach der Güterumschlag unmittelbar auf der heutigen Bundesstraße 170 erfolgen musste. Spätestens jetzt erwies sich die in Schmiedeberg in Straßenseitenlage trassierte Bahn zunehmend als Verkehrshindernis. Aufgrund zu enger Gleisabstände war zudem das Kreuzen von Rollwagenzügen verboten. Eine Lösung musste her und zwar schnell!

Planungen für eine Verlegung der Bahn aus der Ortslage an den Talhang gab es bereits im Jahre 1909. Doch die Umsetzung des Vorhabens begann erst im Zusammenhang mit dem begonnenen Bau der nie vollendeten Pöbeltalbahn nach dem Ersten Weltkrieg. Die Enteignung des benötigten Grund und Bodens für den neuen Bahnhof Schmiedeberg fand im Laufe des Jahres 1919 statt. Unter der Regie der 1920 gegründeten Deutschen Reichsbahn liefen die sogenannten Notstandsarbeiten an, sodass 125 Arbeitslose aus Schmiedeberg und Umgebung wieder eine Beschäftigung fanden.

Doch bereits kurze Zeit nach Beginn der Arbeiten traten, bedingt durch die immer schneller voranschreitende Inflation zu Beginn der 1920er Jahre sowie einen schneereichen Winter 1923, Verzögerungen ein. Vom 23. Dezember 1923 bis zum April des Folgejahres ruhten die Bauarbeiten gänzlich. Bis in den November hinein zog sich der Bau, welcher zuletzt durch Probleme zur Einbindung der neuen Trasse in den Bahnhof Obercarsdorf gekennzeichnet war. Dort musste der gesamte südliche Bahnhofskopf bei laufendem Betrieb umgebaut werden. Am 1. Dezember 1924 war es dann soweit. Um 12:20 Uhr verließ der letzte Zug den alten Bahnhof Schmiedeberg. Danach wurde binnen kürzester Zeit die neue Strecke in Obercarsdorf

**Dieser 50.000-Mark-Schein vom 19. November 1922 war schon bald nichts mehr wert. Schuld daran war die galoppierende Inflation Ende 1922/Anfang 1923. Slg: Stefan Müller**

**Ein nach Kipsdorf fahrender Zug hält im ehemaligen Bahnhof von Schmiedeberg. Sammlung: Günter Börner**

**Ein herrliches Motiv vom alten Schmiedeberger Bahnhof! Ein VI K-geführter Zug wartet auf die Abfahrt nach Kipsdorf. Heutzutage befindet sich hier ein Supermarkt. Sammlung: G. Börner**

mit dem Einschub der schon bereitliegenden Weiche angebunden. Der folgende Zug fuhr gegen 15:00 Uhr bereits über die neue Strecke, deren markantestes Wahreichen bis heute das große Viadukt über die Einmündung des Pöbeltals ist. Daraufhin konnten die nunmehr ungenutzten Bahnanlagen abgebrochen werden, was bis zum 1. Februar 1925 geschah.

## 2.5 Der Betrieb bis zum Ende des Zweiten Weltkrieges

Die 1920er und 1930er Jahre waren vor allem durch eine umfassende Modernisierung des Fahrzeugmaterials geprägt. Mit der Indienststellung der neuen, noch leistungsfähigeren Einheitslokomotiven der Baureihe 99.73-76 sowie fabrikneuer Wagen war die Strecke die modernste aller sächsischen Schmalspurbahnen.
Der in den Jahren 1933/34 durchgeführte Um- und Neubau des Bahnhofes Kipsdorf beseitigte das letzte betriebliche Nadelöhr der Strecke. Ab diesem Zeitpunkt konnte der Einsatz bis zu 56 Achsen starker Reisezüge auf der Weißeritztalbahn zugelassen werden, was vor allem dazu führte, dass im Wintersportverkehr Reisezüge planmäßig aus bis zu 13 Personenwagen und einem Gepäckwagen bestanden. In diesen Zügen fanden 550 Personen Platz! Und die Züge verkehrten teilweise im Abstand von gut 10 Minuten. Für heutige Verhältnisse unvorstellbare Menschenmassen (bis zu 10.000 Personen am Tag) reisten im Wintersportverkehr mit der Schmalspurbahn ins Osterzgebirge.
Im Verlauf des Zweiten Weltkrieges kam es zu immer mehr Einschränkungen im Zugverkehr, zum einen durch Personalmangel, zum anderen, da nicht mehr ausreichend Betriebsstoffe zur Verfügung standen. Dies führte dazu, dass im Jahresfahrplan 1944/45 nur noch fünf Reisezugpaare täglich auf der Gesamtstrecke eingesetzt werden konnten. Von direkten Kriegseinwirkungen blieb die Strecke in dieser Zeit jedoch glücklicherweise verschont. Dennoch kam der Zugverkehr im Mai 1945 mit der Besetzung des Gebietes durch die Rote Armee zum Erliegen.

## 2.6 Schwieriger Neubeginn nach dem Zweiten Weltkrieg

Schwierig war der Neubeginn nach dem Zweiten Weltkrieg besonders deshalb, weil die meisten zuvor auf der Weißeritztalbahn eingesetzten Lokomotiven schadhaft abgestellt waren. Eine Instandsetzung im zuständigen Reichsbahnausbesserungswerk (Raw) Chemnitz war aufgrund der dortigen starken Kriegszerstörungen vorerst nicht möglich. Um wenigstens einen eingeschränkten Betrieb realisieren zu können, führte das Personal der Bahn die notwendigen Reparaturen selbst aus, sofern ihnen dies möglich war.
Am 15. Juni 1945 begann der Zugverkehr wieder. Vorerst waren jedoch keine Ausflügler mehr in den Zügen anzutreffen, sondern Berufspendler und insbesondere Städter, die versuchten, ihre letzten Wertsachen gegen Essbares einzutauschen, um ihren Hunger ein wenig stillen zu können.
Die Betriebssituation verschärfte sich erneut im Jahre 1946, als ein Teil der Lokomotiven als Reparationsleistung an die Sowjetunion abgegeben werden musste. Doch der Verkehr konnte aufrechterhalten werden und legte ab dem Jahr 1948 wieder deutlich zu, sowohl im Personen- wie auch im Güterbereich. Dies lag vor allem daran, dass die Wismut AG den Uranerzbergbau im Revier Niederpöbel aufgenommen hatte. Zu den Schichtwechseln der Wismutkumpel fuhren zum Teil besondere Züge, die nur den Bergarbeitern vorbehalten waren.
In den 1950er Jahren normalisierte sich der Verkehr im Weißeritztal wieder weitgehend.

**99 568 restauriert vor dem Lokschuppen in Kurort Kipsdorf. Foto: Dirk Steckel**

Zudem erlangte die Bahn ihre alte Bedeutung im Ausflugsverkehr zurück. Im Wintersportverkehr war erneut ein so hoher Andrang zu verzeichnen, dass Vor- oder Nachzüge zu den planmäßigen Zügen eingesetzt werden mussten, um den enormen Fahrgastandrang zu bewältigen. 1953 sah der Fahrplan insgesamt sieben werktägliche Reisezugpaare vor, hinzu kamen etliche Güterzüge.

## 2.7 Stilllegungspläne in den 1960er Jahren

Anfang der 1960er Jahre führte die Deutsche Reichsbahn auf allen Nebenstrecken Untersuchungen über deren Wirtschaftlichkeit durch. Angesichts des in ganz Europa zu beobachtenden Trends zur Verlagerung der Transporte von der Schiene auf die Straße fiel 1964 in der DDR auf Grundlage des Abschlussberichtes der „Sozialistischen Arbeitsgemeinschaft Schmalspurverkehr" der Beschluss, alle schmalspurigen Eisenbahnen bis zum Jahre 1975 stillzulegen. Für unsere Strecke bedeutete dieser Beschluss, dass ab sofort keinerlei Investitionen mehr in die Infrastruktur erfolgen sollten. Zudem wurde noch im Laufe des gleichen Jahres der vereinfachte Nebenbahnbetrieb eingeführt. Dadurch waren die Bahnhöfe Seifersdorf, Obercarsdorf und Schmiedeberg fortan nicht mehr mit Fahrdienstleitern besetzt. In diesen Bahnhöfen mussten deshalb die Weichen durch das jeweilige Zugpersonal gestellt werden, was die Fahrzeiten der meisten Züge verlängerte und so die Attraktivität des Schienenverkehrs weiter senkte. In den Folgejahren durften an den Gleisen und Bahnanlagen nur noch die allernotwendigsten Erhaltungsarbeiten durchgeführt werden, damit ein sicherer Betrieb gewährleistet werden konnte. Wo es ausreichte, kam es zur Einrichtung von Langsamfahrstellen anstatt zur Reparatur. Auch so ließen sich Unfälle vermeiden. Logische Konsequenz aus den immer länger werdenden Fahrzeiten war, dass die Weißeritztalbahn einen Großteil des Reiseverkehrsaufkommens an die mittlerweile eingerichteten, deutlich schnelleren und zum Teil parallel verlaufenden Buslinien verlor. Genau das war jedoch für die angedachte Stilllegung der Bahn gewollt! Demzufolge schien die Einstellung des

Schienenpersonenverkehrs nur noch eine Frage kürzester Zeit zu sein. Doch dem Kraftverkehr war es wegen fehlender Kapazitäten nicht möglich, den umfangreichen Ausflugsverkehr an Sonn- und Feiertagen komplett zu übernehmen. So bestand ein kleiner Hoffnungsschimmer für den weiteren Erhalt der Bahn.
Auch der Güterverkehr blieb in dieser Zeit nicht von Veränderungen verschont. So wurden viele Transporte in den 1960er Jahren auf die Wagenladungsknoten Freital-Hainsberg und Freital-Potschappel, aber auch nach Dresden-Reick und Dresden-Friedrichstadt verlagert. Damit verloren die Güterverkehrsstellen Seifersdorf, Malter, Obercarsdorf und Kurort Kipsdorf ab 1968 ihre Daseinsberechtigung. Der Schmalspurbahn blieben deshalb lediglich die Massentransporte erhalten, die der Kraftverkehr nicht übernehmen konnte. Beispielsweise mussten nach wie vor umfangreiche Transporte für die Gießerei in Schmiedeberg bewältigt werden. Auch mehrere Betriebe in Dippoldiswalde, wie das Pflug-Hafernährmittelwerk oder die Großhandelsgesellschaft, erhielten weiterhin ihre Waren per Bahn zugestellt.

## 2.8 Entwicklung von 1974 bis 1990

Seit Anfang der 1970er Jahre mehrten sich die Befürworter, die eine Erhaltung einiger Schmalspurbahnen als touristische Attraktionen in der DDR forderten. Infolgedessen beschloss die Hauptverwaltung des Betriebs- und Verkehrsdienstes am 17. September 1973 die langfristige Erhaltung von sieben Schmalspurbahnen. Zu diesen gehörte auch unsere Strecke. Die Planer sahen vor, die Weißeritztalbahn vorrangig zu einer touristischen Attraktion zu entwickeln, allerdings unter Beibehaltung des regulären Reise- und Güterverkehrs. Eine

**99 1734 beim Bekohlen im Lokbahnhof Freital-Hainsberg am 14.05.1978. Foto: Thomas Böttger**

**Anlässlich der 95-Jahr-Feier der Weißeritztalbahn verkehrte am 30.10.1977 ein Sonderzug, der von 99 1789 gezogen wurde. Als Vorspannmaschine kam 99 1761 zum Einsatz. Im Sonderzug, hier zu sehen in Obercarsdorf, war u. a. auch der historische Salonwagen eingereiht. Foto: Günter Börner**

gute Nachricht, nicht nur für Bahnfans sondern für die gesamte Region! Die unterbliebene Streckenunterhaltung in den letzten Jahren sorgte für erheblichen Investitionsbedarf in die Streckeninfrastruktur. Aufgrund der beschränkten Kapazitäten der Volkswirtschaft der DDR konnten diese Investitionen in den Folgejahren nur langsam und in kleinen Schritten nachgeholt werden. Gleiserneuerungen beschränkten sich so jedes Jahr auf kürzere Abschnitte, eine generelle Sanierung der Strecke war unter den vorhandenen Bedingungen nicht möglich. Deshalb drohte in den 1970er Jahren mehrfach eine Sperrung wegen Oberbauschäden. Doch konnte diese glücklicherweise immer wieder durch das Engagement der Bahnmeisterei sowie den Einsatz von freiwilligen Helfern abgewendet werden. So fanden mehrfach Arbeitseinsätze von Studenten, die im Rahmen des „Studentensommers“ Gleisabschnitte erneuerten, statt.
Die Reisezugwagen auf der Weißeritztalbahn zeigten aufgrund ihres hohen Alters zunehmend Verschleißerscheinungen, deshalb sah die Deutsche Reichsbahn bis 1979 eine Neubeschaffung bulgarischer Personenwagen vor. Dieses Projekt zerschlug sich allerdings aus finanziellen Gründen. Daraufhin begann die DR 1977 damit, den vorhandenen Bestand an Reisezugwagen grundlegend zu modernisieren. Auch floss in dieser Zeit Geld in die Erneuerung der Streckensicherung, sodass moderne Lichtsignale in Freital-Hainsberg, Dippoldiswalde und Kipsdorf installiert werden konnten.
Ende der 1970er Jahre strebte die Reichsbahndirektion Dresden erneut die Einstellung des Güterverkehrs an. Doch dieses Vorhaben scheiterte, wie bereits in den vergangenen Jahren,

Mit Volldampf erreicht der vollbesetzte Jubiläums-Sonderzug den Bahnhof Kipsdorf. Die Bahnhofsuhr zeigt 12:45 Uhr. Dieser Abschnitt war zum Jubiläum jedoch „erst" 94 Jahre in Betrieb, schließlich fuhren die Züge im Eröffnungsjahr (1882) nur bis Schmiedeberg.

Auf der Rückfahrt lichtete Günter Börner den Sonderzug in Rabenau ab. Die Zahl der anwesenden Fotografen war in keinster Weise mit dem sechs Jahre später stattfindenden 100-jährigen Jubiläum der Gesamtstrecke zu vergleichen. Fotos: Günter Börner

**Anlässlich des 100jährigen Jubiläums gab es auch eine Ausstellung von Normalspurloks in Freital-Hainsberg. Hier steht 19 017 des Verkehrsmuseums Dresden an der Ladestraße.**
**Foto: Thomas Böttger**

**Einfahrt des Radebeuler Traditionszuges, gezogen von IV K 132 (99 539), in den Bahnhof Rabenau.**
**Foto: Günter Börner**

an den fehlenden Kapazitäten des Kraftverkehrs, was sich schnell als positiv herausstellte. Denn nach der Ölkrise galt ab 1981 in der DDR die staatlich angeordnete Devise, möglichst viele Transporte von der Straße auf die Schiene zu verlagern. Für unsere Bahn bedeutete dies, dass oft Güterzüge mit zwei Lokomotiven bis Dippoldiswalde bespannt waren.

Ein herausragendes Ereignis in der Geschichte der Weißeritztalbahn stellte die 100-Jahr-Feier im Sommer 1983 dar. Dieses Jubiläum bezog sich also nicht auf die Eröffnung der Weißeritztalbahn bis Schmiedeberg, sondern die Einweihung der Gesamtstrecke bis Kipsdorf. Während einer Festwoche vom 27. August bis zum 4. September 1983 verkehrte eine Vielzahl von Sonderzügen durch das Weißeritztal, darunter auch der mit der IV K 132 bespannte Traditionszug der Lößnitzgrundbahn. Auch VI K 99 713 und „VII K“ 99 734 gehörten zum umfangreichen Sonderzug-Fuhrpark.

**Zwei Fotos vom Betriebsgeschehen im Sommer 1984. Oben sehen wir eine Zugkreuzung zwischen dem nach Kurort Kipsdorf verkehrenden und von 99 1775-8 bespannten Personenzug sowie einem nach Freital-Hainsberg verkehrenden Güterzug im Bahnhof Rabenau. Die zweite Aufnahme dieser Seite zeigt einen Personenzug beim Halt in Ulberndorf. Fotos: Dirk Steckel**

**Mitte der 1980er Jahre werfen wir zunächst einen Blick auf die Anschlussbahn der Schmiedeberger Gießerei, in der 99 1568-7 rangiert. Die beiden Dieselloks gehören zur Werkbahn. Auf der unteren Aufnahme wird 99 1747-7 im Endbahnhof Kurort Kipsdorf mit Wasser befüllt, bevor die Rückfahrt nach Freital-Hainsberg beginnen kann. Fotos: Dirk Steckel**

## 2.9 Ende der Reichsbahnzeit - Neuanfang in Verantwortung der DB AG

Gravierende gesellschaftliche Veränderungen mit dem Mauerfall 1989 und der Wiedervereinigung der beiden deutschen Staaten am 3. Oktober 1990 sorgten Anfang der 1990er Jahre für erhebliche Veränderungen bei der Weißeritztalbahn, denn innerhalb kurzer Zeit musste ein Großteil der Betriebe im Einzugsgebiet der Bahn die Produktion einstellen.
Die Folge davon war ein drastischer Einbruch der Verkehrsleistung im Personen- wie auch im Güterverkehr. Beispielsweise fielen die zwei wichtigsten Güterkunden der Bahn, die Gießerei in Schmiedeberg und das Küchenmöbelwerk in Obercarsdorf, quasi „über Nacht", weg. Dadurch verlor auch der Berufsverkehr schlagartig an Bedeutung. Allein im Ausflugsverkehr

**99 1734 hält mit P 14 265 nach Kurort Kipsdorf am 21.08.1991 in Malter.**

**099 723 (ex 99 734) verlässt mit P 7569 am 18.08.1993 den Bahnhof Dippoldiswalde. Fotos: Steffen und Heinz Schwarzer**

besaß die Bahn weiterhin eine gewisse Bedeutung, doch dies allein schien die Weißeritztalbahn nicht retten zu können, die baldige Stilllegung war somit nicht auszuschließen!
Trotz dieser Tatsachen gab es in Regie der Deutschen Reichsbahn in den Jahren 1991 bis 1993 noch enorme Investitionen in die Strecke und den Fahrzeugpark. Beispielsweise erhielten alle Lokomotiven größere Grundinstandsetzungen und die seit 1977 laufende Modernisierung des Wagenparkes konnte zum Abschluss gebracht werden. Auch die Oberbauerneuerung schritt bis Sommer 1993 voran. Dabei kam sogar erstmals eine tschechische Gleisstopfmaschine zum Einsatz.
Doch die Zeiten sollten sich bald ändern, denn eine gänzlich neue Situation entstand mit Gründung der Deutschen Bahn AG (DB AG) zum 1. Januar 1994. Der neue Eigentümer strebte schnellstmöglich eine Privatisierung oder Stilllegung der verlustreichen Strecke an. Aber es gab auch gute Nachrichten für die Schmalspurbahn. Aufgrund der Ankündigung der DB wurde die Weißeritztalbahn am 14. März 1994 durch das Landesamt für Denkmalpflege Sachsen einschließlich all ihrer Fahrzeuge unter Denkmalschutz gestellt!
Dass es die Deutsche Bahn AG mit ihrer Ankündigung zur Stilllegung ernst meinte, zeigte sich

**099 726 befördert ihren Nahgüterzug am 16.07.1992 durch Rabenau zum Endbahnhof Freital-Hainsberg.**

**Am 27.08.1992 zieht 099 726 ihren Güterzug entlang der Talsperre Malter.**
**Fotos: Heinz Schwarzer**

**Am 17.04.1993 zieht 99 753 ihren Kurzpersonenzug (P 7551) in Richtung Bahnhof Malter. Ursache für die ungewöhnliche Fahrzeugkombination war ein Unfall im Bf. Rabenau, wo drei Fcs-Wagen umgekippt waren. Foto: Heinz Schwarzer**

am 31. Dezember 1994. An diesem Tag stellte sie den verbliebenen Güterverkehr, trotz noch vorhandenen Bedarfs, komplett ein. Bis zuletzt waren Transporte für einen Schrotthandel in Schmiedeberg-Naundorf und mehrere Kohlehändler in Dippoldiswalde und Schmiedeberg durchgeführt worden.

Die Stillegungspläne der DB AG lagen also weiterhin in der Luft. Deshalb gab es Mitte der 1990er Jahre erste Bestrebungen von Seiten des Freistaats Sachsen, die Strecke (wie auch weitere Schmalspurbahnen im Bundesland) mittels einer landeseigenen Gesellschaft weiter zu betreiben. Doch diese Pläne zerschlugen sich u. a. des Geldes wegen. Daraufhin folgte der Vorschlag, die Weißeritztalbahn in Privateigentum zu überführen.

Vorbild für die Privatisierung sollten die Zittauer Schmalspurbahn und die Fichtelbergbahn sein. Doch für eine derartige Entwicklung hätten die anliegenden Gemeinden sowie der damalige Weißeitzkreis stärkeres Interesse am Erhalt der Bahn anmelden müssen, was zu diesem Zeitpunkt allerdings aus Kostengrünen noch nicht der Fall war. Das finanzielle Risiko war den beteiligten Partnern einfach zu groß, deshalb traute sich niemand, dieses Wagnis einzugehen. Da weiterhin keine Lösung zum künftigen Betrieb auf der Weißeritztalbahn abzusehen war, beabsichtigte die Deutsche Bahn AG erneut die Einstellung des Personenverkehrs, diesmal für das Jahr 1998. Buchstäblich in letzter Minute konnte dieses Szenario durch einen ausgehandelten Verkehrsvertrag zwischen der DB Regio AG und dem in Gründung befindlichen Verkehrsverbund Oberelbe (VVO) verhindert werden. Dennoch hielt die Deutsche Bahn AG weiterhin an ihrer Absicht fest, die Strecke an einen privaten Betreiber abzugeben.

Am 31.12.2000 übernahm jedoch zunächst die DB-Tochtergesellschaft Mitteldeutsche Bahnreinigungsgesellschaft mbH, Niederlassung Leipzig, die Betriebsführung. In dieser Zeit wies der Fahrplan werktags noch insgesamt acht Zugpaare im Zweistundentakt aus. Ein zusätzliches Zugpaar verkehrte zwischen Freital und Dippoldiswalde. Dieses aus heutiger Sicht großzügige Zugangebot nutzten jährlich rund 200.000 Fahrgäste.

Doch schon bald konnte kein einziger Fahrgast mehr mit der Weißeritztalbahn fahren. Denn was sich im August 2002 über dem Osterzgebirge zusammenbraute, sollte die Geschichte der Weißeritztalbahn nachhaltig beeinflussen.

In den letzten Tagen der DDR (09/1990) überqueren 99 1761-8 + 99 1785-8 die Bormannsgrundbrücke in Malter. Noch ist die Welt in Ordnung und der Pegel der Malter niedrig. 12 Jahre später wird die überlaufende Talsperre fast zum Todesurteil der Bahn! Foto: Otfried Eisenhardt

Güterzugsonderfahrten, hier mit zwei IV K-Dampflokomotiven, waren und sind sehr beliebt unter Eisenbahnfans. Im Bahnhof Malter begegnet der mit der Vorspannmaschine 99 1590-1 der IG Preßnitztalbahn bespannte Güterzug dem von 099 747-8 geführten Planzug. Foto: H. Schwarzer

# 3 Zerstörung und Wiederaufbau

## 3.1 Die Jahrhundertflut am 12. und 13. August 2002

Am 12. und 13. August 2002 fielen nahezu unvorstellbare Regenmengen im Erzgebirge, sodass in der Folge Weißeritz, Müglitz und weitere Flüsse sprungartig über die Ufer traten. Doch zunächst begann der Betrieb am 12. August ganz normal auf unserer Strecke, was sich jedoch schnell ändern sollte. Der Frühzug Regionalbahn *(RB) 27820* verließ Hainsberg pünktlich 5:00 Uhr. Noch war von einem Hochwasser nichts zu ahnen. Auch die nächsten Züge verließen planmäßig den Bahnhof, zuletzt *RB 27826* (11:00 Uhr ab Hainsberg) und RB 27828 (13:00 Uhr ab Hainsberg). Ihr Ziel Kipsdorf sollten beide an diesem Tage aufgrund der Wetterunbilden jedoch nicht mehr erreichen.
*RB 27826* endete in Schmiedeberg, da bereits zur Mittagszeit eine Befahrung bis Kipsdorf nicht mehr möglich war. Die Zuglok 99 747 setzte um und der Zug rollte als *RB 27827* zurück nach Freital-Hainsberg. So war es zumindest vorgesehen! Doch aufgrund der zunehmenden Hochwasserlage der Weißeritz „strandete" der Zug bereits in Dippoldiswalde, wo er abgestellt werden musste und noch einige Monate verbleiben sollte. Doch zurück zum 12. August: Die von 99 741 bespannte *RB 27828* endete an diesem Tag bereits kurz vor Dippoldiswalde. Aufgrund von Überflutungen war nur noch ein Zurückdrücken des Zuges in den Bahnhof Malter möglich. Dort setzte die Lok um und als *RB 27829* ging es nach Hainsberg zurück.
Die Weißeritz führte von Stunde zu Stunde mehr Wasser. Das Gleis versank an diesem Tag in den Wassermassen. Auch am nächsten Morgen waren die Wassermengen noch enorm. Die Flutung des Dresdner Hauptbahnhofes war eine Folge davon. Aber viel schlimmer traf es unsere Bahn. Große Abschnitte der Strecke waren komplett zerstört. Vor allem zwischen Freital-Coßmannsdorf und Spechtritz waren Gleise und Brücken weitgehend nicht mehr vorhanden oder schwer beschädigt. Weitere große Schäden gab es im Bereich Dippoldiswalde - Ulberndorf zu verzeichnen. Enorme Zerstörungen waren zudem zwischen Schmiedeberg und

**Ein Bild aus dem Rabenauer Grund mit Symbolcharakter: „Bis hierher und nicht weiter!". Vor der ersten Steinbrücke ist das Gleis aufgrund der danach folgenden Schäden an Brücken und Gleisen gesperrt. Viele Jahre bestand dieser Anblick, bis endlich der Wiederaufbau „auch praktisch" begann. Foto: Stefan Müller**

dem Endbahnhof in Kipsdorf eingetreten. Ab Buschmühle entlang der B 170 bis zum Ortseingang des Kurorts Kipsdorf fehlte stellenweise der komplette Bahnkörper, die ursprüngliche Gleislage war nicht mehr zu erkennen. Erheblichen Schaden nahmen auch viele Brücken und ihre Widerlager, wie beispielsweise am Ortseingang von Obercarsdorf.
Politiker, Anwohner sowie Eisenbahnfreunde in aller Welt waren sich einig: Die Weißeritztalbahn darf nicht sterben und muss wieder aufgebaut werden! Die Frage war nur: Wann? Außerdem spielten natürlich die zu erwartenden Kosten sowie die Finanzierung eine entscheidende Rolle. Anfangs sollten rund 20 Millionen Euro für die Instandsetzung der gesamten Strecke reichen. Der Bund und der Freistaat Sachsen wollten diese je zur Hälfte tragen. Es schien so, als würde der Wiederaufbau bald beginnen.
Und tatsächlich, am 14. September 2004, fünf Tage vor der Landtagswahl in Sachsen, gab es unter großer Beteiligung von Politikern aller Parteien den ersten Spatenstich zum Wiederaufbau der Weißeritztalbahn. Eisenbahnfans und Anwohner waren begeistert, vielleicht schon im Folgejahr könnte es wieder dampfen im Weißeritztal, zumindest dachten sie es. Doch weit gefehlt! Außer mündlicher Bekundungen zum Wiederaufbau passierte vorerst nichts. Je weiter der tatsächliche Baubeginn hinausgeschoben wurde, desto höher stiegen die erwarteten Kosten.
Zwischenzeitlich sollten 30 Millionen Euro zur Instandsetzung der Gesamtstrecke zur Verfügung gestellt werden. Der Freistaat Sachsen wollte zudem weitere neun Millionen Euro zuschießen, wenn der Zweckverband Verkehrsverbund Oberelbe aufgrund von unvorhergesehenen Mehrkosten eine weitere Million Euro bereitstellen würde. Sprich: 40 Mio. könnten maximal investiert werden. Doch Bagger rollten noch immer nicht an! Dafür konnte ein anderes wichtiges Detail zum zukünftigen Betrieb der Weißeritztalbahn geklärt werden. Am 14. September 2004 erfolgte die Übergabe des Bahnbetriebes von der DB-Tochtergesellschaft Mitteldeutsche Bahnreinigungsgesellschaft mbH, Niederlassung Leipzig, an die BVO Bahn GmbH, welche zum damaligen Zeitpunkt bereits die Fichtelbergbahn und die Lößnitzgrundbahn betrieb.
Im Juni 2007 kam es aus steuer- und kommunalrechtlichen Gründen zum Verkauf der Grundstücke, über die die Bahnstrecke führt, an den Weißeritzkreis. 206.000 Euro musste dieser dafür zahlen. Im Gegenzug beteiligt sich der Verkehrsverbund Oberelbe mit 35 Prozent an der nunmehr als Sächsische Dampfeisenbahngesellschaft (SDG) firmierenden BVO Bahn. Doch vom Wiederaufbau war immer noch nichts zu sehen. War eine Blockade gefallen, stellte sich eine andere in den Weg!
Erst am 27. September 2007 gab das Regierungspräsidium Dresden 17,8 Millionen Euro aus dem Bundes-Fluthilfefonds für den Wiederaufbau des unteren Abschnittes der Weißeritztalbahn, von Freital-Hainsberg nach Dippoldiswalde, frei. Diese Fördermittel waren für den Verkehrsverbund Oberelbe mit der Auflage verbunden, den Betrieb der wiederaufgebauten Strecke für die nächsten 20 Jahre zu garantieren.

**Bilder aus dem Rabenauer Grund. Zerstörte Brücken und Gleisanlagen wohin das Auge reicht. Anhand der Ablagerungen von Gesteinsmaterial lässt sich die Wucht, mit der die Weißeritz im August 2002 durch den Rabenauer Grund schoss, erahnen. Zum Glück war am Nachmittag des 12.08.2002 kein Zug mehr in diesem Abschnitt unterwegs. Fotos: Stefan Müller**

**Überall im Rabenauer Grund das gleiche Bild: Die Trasse ist zerstört. Hier wird für längere Zeit kein Zug mehr rollen. Doch zumindest sind die ersten Gleisjoche ausgebaut, die Beräumung der Strecke hat begonnen.**

**Im Bahnhof Rabenau wurde die Befestigungsmauer unterspült und zerstört.**

**Auch im Spechtritzgrund hängen die Gleise in der Luft oder fahren „Achterbahn". Fotos: Stefan Müller**

Der letzte Zug des 12. August 2002 musste seine Fahrt aufgrund der Hochwasser führenden Weißeritz in Dippoldiswalde beenden.

Ein Mitarbeiter der Weißeritztalbahn konnte verschiedene Teile an der 99 747 abbauen, wie zum Beispiel die Lokschilder. Sonst hätten sich diese wohl „Souvenirjäger" geschnappt. Fotos: Thomas Böttger (19.10.2002)

In Ulberndorf halten sich die Schäden in Grenzen. Dennoch ist auch hier das Gleis nicht mehr befahrbar. Foto: Stefan Müller

Zwischen Ulberndorf und Obercarsdorf klaffte nach der Flut eine Lücke im Schienenstrang. Die dortige Brücke musste aufgrund ihrer Schäden entfernt und bis zur Aufarbeitung auf dem Bahnhof Obercarsdorf zwischengelagert werden.

Demontierte Brückenkonstruktionen und Schienenstücke im Bahnhof Obercarsdorf. Wann wird hier wieder ein Zug rollen?

Nichts mehr ist am Haltepunkt Buschmühle von den Gleisen zu sehen. Auch potenzielle Fahrgäste werden hier wohl länger nicht gesichtet werden.
Fotos: Stefan Müller (Mai 2005)

Auch zwischen Buschmühle und Kipsdorf kann auf absehbare Zeit kein Zug mehr fahren. Die Trasse der Weißeritztalbahn ist vollkommen zerstört.
Foto: Günter Börner

Blick von Höhe des Stellwerks zum Empfangsgebäude des Bahnhofs Kipsdorf. Einige Gleisjoche wurden bereits demontiert, die restlichen sind von Gras überwuchert.

Der Endbahnhof Kurort Kipsdorf. Nach der Flut ahnt niemand, dass erst knapp 15 Jahre später wieder ein Zug hier eintreffen wird.
Fotos: Stefan Müller

## 3.2 Sonderfahrten auf Teilstrecken

Bereits kurz nach der Jahrhundertflut engagierten sich Eisenbahnfans auf der ganzen Welt, um wieder Dampfzugbetrieb auf Teilen der Weißeritztalbahn erleben zu können. Zunächst gab es Fahrten zwischen Freital-Potschappel und Freital-Hainsberg auf dem Verbindungsgleis, später Zugfahrten bis zum Eingang des Rabenauer Grundes sowie zwischen Seifersdorf und Dippoldiswalde. Der „1. Sonderverkehr nach dem Hochwasser im August 2002" auf diesem Teilstück fand vom 25. bis 29. Dezember 2002 statt. Diese Fahrten organisierten gemeinschaftlich die IG Preßnitztalbahn, die Traditionsbahn Radebeul sowie die IG Weißeritztalbahn. Weitere derartige Fahrten schlossen sich an. Dabei kamen verschiedenen Lokomotiven wie 99 4511, 99 713 und 99 1715-4 zum Einsatz. Ab 2003 gab es jeweils zum „Kleinbahnadvent" eine Befahrung der Strecke von Freital Hainsberg bis unmittelbar vor die erste Steinbogenbrücke im Rabenauer Grund oberhalb des Haltepunktes Freital-Coßmannsdorf. Zahlreiche Mitfahrer und Fotografen waren an jedem einzelnen Fahrtag anwesend.
*(Mehr zu den einzelnen Sonderfahrten im Kapitel 4)*

**1. Sonderverkehr nach dem Hochwasser im August 2002**
**zwischen Dippoldiswalde und Seifersdorf**
**vom 25. bis 29.12.02**
Gemeinsame Sonderfahrten von IG Preßnitztalbahn e.V.
Traditionsbahn Radebeul e.V.
IG Weißeritztalbahn e.V.

| Verkehrstage | | 25.12.02 bis 29.12.02 | | |
|---|---|---|---|---|
| Dippoldiswalde | ab | 10:40 | 12:40 | 14:40 |
| Malter | an | 10:52 | 12:52 | 14:52 |
| Malter | ab | 10:53 | 12:53 | 14:53 |
| Seifersdorf | an | 11:00 | 13:00 | 15:00 |
| | | | | |
| Seifersdorf | ab | 11:20 | 13:20 | 15:20 |
| Malter | an | 11:27 | 13:27 | 15:27 |
| Malter | ab | 11:28 | 13:28 | 15:28 |
| Dippoldiswalde | an | 11:40 | 13:40 | 15:40 |

Lok 99 4511 von EVU Preßnitztalbahn e.V.
3 KB von EVU Traditionsbahn Radebeul e.V.

**Fotos von den ersten Sonderfahrten:**
**99 4511 rangiert am 25.12.2002 im Bahnhof Dippoldiswalde und kuppelt in Kürze an den Zug nach Seifersdorf an. Früh am Morgen ist ein ungestörtes Fotografieren noch möglich.**
**Foto: Stefan Müller**

In Seifersdorf ist nach wenigen gefahrenen Kilometern schon wieder Endstation. Hier muss 99 4511 umsetzen, um ihren Zug zurück nach Dippoldiswalde ziehen zu können. 25.12.2002. Foto: Stefan Müller

Am 28.12.2002 rollt 99 4511 mit ihrem Zug über die Bormannsgrundbrücke in Malter gen Dippoldiswade. Die Talsperre Malter ist infolge von Flutschäden nur mit wenig Wasser gefüllt. Die Seitenarme sind angesichts deutlicher Minusgrade in den Tagen nach Weihnachten bereits mit einer dünnen Eisschicht überzogen. Foto: Günter Börner

## 3.3 Wiederaufbau des Abschnittes Freital - Dippoldiswalde

Am 29. Oktober 2007 begann nach fünf Jahren zähen Ringens der Wiederaufbau der Weißeritztalbahn! Allerdings sollte zunächst nur der Streckenabschnitt Freital-Hainsberg - Dippoldiswalde wiedererrichtet werden. Doch das war den Eisenbahnfans und Anwohnern an diesem Tag nicht so wichtig, viel mehr zählte die Tatsache, dass es bald wieder dampfen würde im Weißeritztal. Daran hatten in den vorangegangenen Jahren viele Anwohner und Freunde der Bahn schon gezweifelt.

Der Wiederaufbau startete im Rabenauer Grund, da hier eine besonders ausgefeilte Baustellenlogistik von Nöten war, schließlich gab es kaum Platz zwischen der Weißeritz und den angrenzenden Felsen. Deshalb konnte als Zufahrtsstraße nur der schmale Wanderweg genutzt werden, weshalb dieser für einige Monate für Fußgänger gesperrt werden musste.

Zuerst erfolgte die Wiederherstellung der Stützmauern und Brücken, was im Rabenauer Grund und Spechtritzgrund einige Zeit in Anspruch nahm. Nach Fertigstellung dieser Arbeiten sowie der Auffüllung des Bahnkörpers konnte für die weiteren Arbeiten die Bahntrasse als Baustraße genutzt werden. Im August 2008 begann dann die Verlegung des neuen Gleises von Freital aus. Neben den Arbeiten am Gleiskörper waren auch auf einigen Stationen Arbeiten zu vollbringen. So musste beispielsweise in Spechtritz eine neue Wartehalle errichtet werden, welche sich aus Denkmalschutzgründen am historischen Vorbild orientierte. Das frühere Empfangsgebäude wurde bei der Flut so stark beschädigt, dass nur noch ein Abriss in Frage kam.

Die weniger zerstörten Abschnitte zwischen Freital-Hainsberg und Freital-Coßmannsdorf sowie zwischen Spechtritz und Dippoldiswalde konnten in relativ kurzer Zeit komplett erneuert werden. Neben dem Verlegen neuer Gleisjoche gehörte auch die Sanierung der Brücken zu den Aufgaben der Bauarbeiter. In Dippoldiswalde unterhalb der Ratsmühle musste gar eine neue Brücke errichtet werden. Dabei kam es zu einem Zwischenfall: Auf der Autobahn geriet der Schwerlasttransporter, der die Brücke an Bord hatte, in Brand. Das Fahrzeug war ein Totalschaden, doch die Brücke blieb von Beschädigungen verschont und konnte am nächsten Tag in Dippoldiswalde eingebaut werden.

Drei Fotos vom Wiederaufbau in Freital, entstanden zwischen Hainsberg und Coßmannsdorf: Zunächst mussten die Brückenwiderlager saniert werden, bevor es zum Einbau der sanierten Brücken kommen konnte. Nach der Wiederherstellung des Gleisunterbaus wurden die Gleisjoche verlegt, bevor der Schotterzug zum Einsatz kam. Fotos: Stefan Müller

Zwischen Freital-Coßmannsdorf und Rabenau stand vor allem die Wiederinstandsetzung der beschädigten Brücken auf dem Programm der Bautrupps. Zudem war im Bahnhof Rabenau eine Stützmauer neu zu errichten.
Fotos: Stefan Müller

**Im Bahnhof Rabenau werden im November 2008 die Gleise geschottert und anschließend gestopft. Bald können hier wieder Personenzüge wartende Reisende aufnehmen.**
**Fotos: Stefan Müller**

Oberhalb des Bahnhofs Rabenau entstand eine komplett neue Stabbogenbrücke. Im weiteren Streckenverlauf bis Spechtritz und Seifersdorf waren vor allem Stützmauern sowie das Gleisbett zu erneuern. Fotos: Stefan Müller

Am 25.02.2008 erfolgte das Bohren von Dübellöchern für die Fangnetze der Felssicherung hinter dem Bf Rabenau. Auch die ersten Fundamente für die Stützmauer standen schon. Foto: Roland Böttger

Im Bahnhof Malter wartet der SDG-Schienenbagger auf seinen nächsten Einsatz. Eine Gleisstopfmaschine steht oberhalb der Bohrmannsgrundbrücke im Sonnenlicht. Für die Sanierung erhielt die Brücke ein Gerüst. Fotos: Günter Börner

In Dippoldiswalde musste unterhalb der Ratsmühle eine Brücke erneuert werden. Bei der Anlieferung kam es zu einem Brand der Zugmaschine auf der Autobahn. Zum Glück erlitt die Brücke keinen Schaden, so dass sie mit einem Tag Verspätung am 16. Juli 2008 eingesetzt werden konnte. Fotos: Jörg Müller

**Auch im Bahnhof Dippoldiswalde galt es, die Gleisanlagen zu erneuern. Nach dem Wiederherstellen des Unterbaus sowie der Gleisverlegung folgte das Einschottern. Fotos: Stefan Müller (2) / Günter Börner (u.)**

### 3.4 Wiedereröffnung der Strecke bis Dippoldiswalde

Am 13.12.2008 war der Tag gekommen, auf den tausende Menschen über sechs Jahre lang gewartet hatten: Die festliche Wiedereröffnung der Weißeritztalbahn auf dem Abschnitt Freital-Hainsberg - Dippoldiswalde konnte gefeiert werden! Dazu verkehrten zwei Sonderzüge, einer für geladene Gäste aus den Bereichen Politik und Verkehr sowie ein zweiter für die Fans der Bahn, die bereit waren, 20 Euro pro Fahrkarte zu bezahlen. Beide Züge waren bis auf den letzten Platz besetzt. Den ersten Zug bespannten die Zuglokomotive 99 1771-7 sowie die Vorspannlokomotive 99 1746-9. Den Sonderzug für die zahlenden Fahrgäste zog die 99 1761-8. Tausende Anwohner und Bahnfreunde begrüßten die Sonderzüge an allen Stationen, hunderte Fotografen hatten sich zudem entlang der Strecke positioniert, um Schnappschüsse von diesem historischen Tag einzufangen. Auch ein Kamerateam der bekannten SWR-Sendung „Eisenbahn-Romantik" sowie dessen Moderator Hagen von Ortloff waren bei der Eröffnungsfahrt anwesend.
Am nächsten Tag begann dann der planmäßige Zugverkehr zwischen Freital-Hainsberg und Dippoldiswalde. Von diesem Tag an bis zur Eröffnung des oberen Abschnittes im Juni 2017 verkehrten täglich sechs Reisezugpaare auf dem unteren Abschnitt der Weißeritztalbahn in einem angenäherten Zweistundentakt, was einem Verkehrsumfang von etwa 66.000 Zugkilometer pro Jahr entsprach.

**99 1746 steht wenige Minuten vor der feierlichen Wiedereröffnung der Weißeritztalbahn im Abschnitt Freital-Hainsberg - Dippoldiswalde vor dem Lokschuppen in Hainsberg. Nach dem Bekohlen und Wassernehmen wird diese Maschine der bereits am Zug befindlichen 99 1771 Vorspann leisten. Passend zur Jahreszeit ist die Lok geschmückt.**
**Foto: Günter Börner**

**Dicht umlagert von Fotografen war der Eröffnungssonderzug in Freital-Hainsberg, um auch die anwesende Politprominenz abzulichten. Mit von der Partie waren außerdem das Maskotchen „Lößnitzdackel" (Radebeul Ost - Radeburg) und der „VVO-Frosch".**
**Foto: Tony Böttger**

Die Ausfahrt des ersten Zuges verfolgten zahlreiche Schaulustige und Fotografen, zwischen den westlichen Gleisanlagen stehend, in Freital-Hainsberg.
Foto: Thomas Böttger

Pressetermin in Rabenau: Lok- und Zugpersonal stellten sich an diesem historischen Tag den Fotografen.
Foto: Katrin Böttger

Für die Fahrgäste im Eröffnungszug des 1. Bauabschnittes gab es diese Plastikfahrkarten zum Umhängen.

In Erwartung der Ausfahrt hatte sich hinter der neuen Stabbogenbrücke im Rabenauer Grund eine Fotografenschlange gebildet.
Foto: Thomas Böttger

99 1746-9 und 99 1771-7 erreichen mit dem Eröffnungszug den Bahnhof Dippoldiswalde. Mit großer Freude und Begeisterung empfängt die Bevölkerung den Zug der Ehrengäste. Nach dem Wassernehmen setzen die Lokomotiven an das andere Zugende um, um wenige Minuten später die Rückfahrt nach Hainsberg anzutreten.
Foto: Stefan Müller

Der Blick vom „Großvaterstuhl" am Bf Rabenau zeigt den ersten Zug in voller Länge.
Foto: Tony Böttger

## 3.5 2008 - 2017 Die Weißeritztalbahn ist nur bis Dippoldiswalde unterwegs

Nach der feierlichen Wiedereröffnung wollten Eisenbahnfreunde aus Nah und Fern sowie die einheimische Bevölkerung unbedingt eine Fahrt mit ihrer „Bimmelbahn" unternehmen, wodurch in den ersten sechs Wochen nach der Wiederinbetriebnahme an den Wochenenden oft über 2.000 Reisende pro Tag in den Zügen gezählt werden konnten. Um alle Passagiere befördern zu können, mussten bis zu zehn Wagen in den Zugverband eingereiht werden. Auch an Werktagen war ein großes Interesse an einer Mitfahrt vorhanden, so dass 1.000 Reisende am Tag keine Seltenheit darstellten.

Im ersten kompletten Jahr nach dem Wiederaufbau (2009) nutzten mehr als 185.000 Fahrgäste die Weißeritztalbahn zwischen Freital-Hainsberg und Dippoldiswalde. Ein voller Erfolg für die kleine Bahn. Doch in der Folge sanken die Fahrgastzahlen. Erreichten sie 2011 noch ein Niveau von 160.000 Personen, lagen sie in der Folge bei ca.135.000 bis 150.000 Personen pro Jahr. Im letzten vollständigen Betriebsjahr, in dem die Weißeritztalbahn nur auf dem unteren Abschnitt unterwegs war (2016), reisten 145.000 Personen mit unserer Schmalspurbahn.

Als sich am 2. Juni 2013 wiederum Wassermassen durch das Weißeritztal wälzten, befürchteten viele Eisenbahnfreunde das Schlimmste. Doch glücklicherweise hielten sich die Schäden dieses Mal in Grenzen, nur zwischen Rabenau und Spechtritz gab es an einem 200 Meter langem Streckenabschnitt Beschädigungen.

**Endlich rollt sie wieder! Abfahrt in Seifersdorf. Fotos: Stefan Müller**

**Das Wassernehmen in Dippoldiswalde ist immer wieder ein Anziehungspunkt für Groß und Klein.**

**Ausflug an die Talsperre Malter. Speziell im Sommer sind in diesem Abschnitt die Züge immer gut gefüllt. Fotos: Stefan Müller**

„Die technische Ausführung des ersten Bauabschnittes hat sich bei dem Hochwasser bewährt. Im Einzelnen kann man sicher nachbessern“, so die Einschätzung von Mirco Froß, dem Leiter der Infrastruktur der Sächsischen Dampfeisenbahngesellschaft.
Bereits ab 9. Juni rollten die Züge wieder, zunächst allerdings nur zwischen Freital-Hainsberg und Rabenau nach einem Sonderfahrplan. Nach Beseitigung der letzten Schäden im Spechtritzgrund konnte die gesamte Strecke bis Dippoldiswalde ab dem 15. Juni wieder fahrplanmäßig bedient werden.
Zum Highlight eines jeweiligen Betriebsjahres entwickelte sich das Schmalspurbahnfestival, welches jährlich immer Mitte Juli begangen wird. Dabei kommen besondere Lokomotiven und Wagen zum Einsatz. An den zwei Festivaltagen werden zwischen 10.000 und 15.000 Besucher in den Zügen gezählt. Aktivitäten entlang der gesamten Strecke, u. a. das beliebte Fest „Malter in Flammen“, runden das Festwochenende ab.

**Am 19.07.2009 wird der von IV K 132 (99 539) und 99 1608-1 gezogene Festival-Sonderzug am Hp. Freital-Coßmannsdorf bereits von vielen Fahrgästen erwartet. Foto: Tony Böttger**

Das Highlight des Schmalspurbahnfestivals im Jahre 2010 stellte der mit zwei IV K-Lokomotiven bespannte Traditionszug aus Radebeul dar. Das Bild entstand am 18. Juli 2010 unterhalb der Ratsmühle in Dippoldiswalde.
Foto: Stefan Müller

Passend zur Veranstaltung hatte am 19.07.2009 ein Oldtimerfreund seinen 600er Trabi am Hp Spechtritz in Szene gesetzt.
Foto: Thomas Böttger

Der Blick vom „Backofenfelsen“ in Freital zeigt den Sonderzug mit IV K 132 und Schiebelok 99 1608-1 am 19.07.2009.
Foto: Tony Böttger

Beim Schmalspurbahnfestival 2011 stand die Lok 20$^{II}$ der Mansfelder Bergwerksbahn im Mittelpunkt. Viele Fotofreunde wollten sich die Chance, eine für diese Strecke untypische Maschine abzulichten, nicht entgehen lassen. Zudem hatte die Lok zuvor eine bewegte Vergangenheit: 2009 bei einem Unfall auf der Lößnitzgrundbahn schwer beschädigt, präsentierte sie sich nun den Besuchern nach ihrer Aufarbeitung bei der SDG in Oberwiesenthal.
Die obere Aufnahme entstand im Bahnhof Freital-Hainsberg, die mittlere bei der Ausfahrt aus dem Haltepunkt Coßmannsdorf. (16.07.2011) Fotos: Stefan Müller

Ebenfalls am 19.07.2011 war die 20$^{II}$ aus Klostermansfeld noch im Plandienst zu erleben. Hier bei der Ausfahrt aus Seifersdorf.
Foto: Thomas Böttger

**Auch beim Schmalspurbahnfestival 2012 gab es einen besonderen Gast, die blaue „Aquarius C". Während sie noch auf ihren ersten Einsatz wartet, bringt 99 1746-9 ihren Personenzug auf Geschwindigkeit. Dabei passiert sie in Freital-Hainsberg die am Lokschuppen abgestellten 99 1741-0 und 99 1762-6. Fotos: Stefan Müller**

Darauf haben die Eisenbahnfreunde lange gewartet: Der erste Einsatz der I K No. 54, einem Originalnachbau der ersten sächsischen Schmalspurdampflokgattung, im Weißeritztal. Eigentlich sollte dieser nicht erst Mitte Oktober, sondern schon einige Monate zuvor zustande kommen. Doch ein Lagerschaden verhinderte einen Einsatz der 2009 fertiggestellten Lok im Sommer 2013. Hier ist sie in Freital-Hainsberg zu sehen. Foto: Armin Bellmann (20.10.2013)

Vor Freital-Hainsberg fließen die Wilde (links) und die Rote Weißeritz (rechts) zusammen. Am 22.10.2013 kam hier IK No. 54 mit dem Radebeuler Traditionszug vorbei. Foto: Thomas Böttger

Mit Volldampf ging es am 22.10.2013 dem Hp Spechtritz entgegen. Ob die offene Tür am Packwagen 1492K den sächsischen Vorschriften entsprach? Foto: Katrin Böttger

**Zum Schmalspurfestival 2015 waren die beiden grünen IV K Dampflokomotiven 132 und 176 der Traditionsbahn Radebeul im Weißeritztal unterwegs. Eine Seltenheit, denn nur weil die 132 bereits ihre Hauptuntersuchung erfolgreich absolvierte und die 176 noch Einsatzfristen besaß, kamen beide Loks ausnahmsweise gemeinsam zum Einsatz, was frühestens acht Jahre später wieder zu beobachten sein könnte. Oben sind die Loks in Seifersdorf, unten in Dippoldiswalde zu sehen. Fotos: Stefan Müller**

## 3.6 Sonderfahrten zwischen Obercarsdorf und Schmiedeberg

Nachdem auf dem unteren Abschnitt der Weißeritztalbahn zwischen Freital-Hainsberg und Dippoldiswalde wieder planmäßig Züge fuhren, sollte für den jährlich stattfindenden Kleinbahnadvent ein neues Highlight gesetzt werden. Dazu war beabsichtigt, einen Streckenabschnitt zu befahren, auf dem nicht täglich Dampfzüge verkehren. Dadurch erhofften sich die Veranstalter einen besonders großen Besucherzuspruch. Da sich der einzige befahrbare Abschnitt im oberen Weißeritztal zwischen den Bahnhöfen Obercarsdorf und Schmiedeberg befand, war schnell klar, dass künftig – und zwar bis zum Beginn der Wiederaufbauarbeiten zwischen Dippoldiswalde und Kurort Kipsdorf – zwischen diesen beiden Ortschaften Dampfzüge am ersten Adventswochenende rollen sollten. Zwischen Dippoldiswalde und Obercarsdorf gab es zudem einen Schienenersatzverkehr, sodass Zugreisende aus Freital-Hainsberg ganz bequem zum Kleinbahnadvent anreisen konnten.
Das erste Dampfspektakel auf diesem Streckenabschnitt fand am 27. und 28. November 2010 statt. Viel Schnee und Temperaturen bis zu -20 Grad Celsius sorgten für eine wunderbare Advents- und Vorweihnachtsstimmung. Die Züge waren sehr gut belegt und hunderte Fotografen „belagerten“ die kurze Fahrtstrecke.
2013 konnte letztmals der Kleinbahnadvent zwischen Obercarsdorf und Schmiedeberg veranstaltet werden. Ab 2014 war aufgrund von Brückenbauarbeiten zwischen Obercarsdorf und Naundorf die Strecke unterbrochen, weshalb die Durchführung von Sonderzugfahrten nicht mehr möglich war.
*(Mehr zu den einzelnen Sonderfahrten im Kapitel 4)*

**Am Morgen des 27. November 2010 ist es soweit. Zum ersten Mal seit der Flut im August 2002 findet zwischen Obercarsdorf und Schmiedeberg Personenverkehr statt. Als Zuglokomotive kommt 99 1746-9 zum Einsatz. Ihre drei Wagen reichten kaum aus, um allen Fahrgästen Platz zu bieten. Foto: Stefan Müller**

### 3.7 Wiederaufbau des Abschnittes Dippoldiswalde - Kurort Kipsdorf

Bereits am 3. April 2009 gab es im sächsischen Wirtschaftsministerium den Beschluss, den Wiederaufbau bis zum Endpunkt Kurort Kipsdorf fortzusetzen. Die Ausschreibung der Bauleistungen sollte allerdings erst beginnen, wenn die Baumaßnahmen auf dem ersten Abschnitt bis Dippoldiswalde vollständig abgerechnet waren. Da die Kosten für den Wiederaufbau jedoch um sieben Millionen Euro höher ausfielen als geplant, kam es zu langen Verzögerungen, ehe der Bau des oberen Streckenabschnittes begann.
Trotz aller Hiobsbotschaften gab es in der Region weiterhin ein starkes Interesse am kompletten Wiederaufbau der Strecke, was auch der bereits erwähnte Sonderzugverkehr zwischen Obercarsdorf und Schmiedeberg in den Jahren 2010 bis 2013 zeigte. Zudem sprachen wirtschaftliche Aspekte für den Wiederaufbau der Gesamtstrecke. Laut Verkehrsverbund Oberelbe entsteht durch die Ausgaben der in die Weißeritzregion reisenden Tages- und Übernachtungsgäste eine zusätzliche regionale Wertschöpfung im Umfang von einer Million Euro pro Jahr. Dadurch können 40 Arbeitsplätze gesichert werden.
Im Juni 2011 gab Sachsens damaliger Wirtschafts- und Verkehrsminister Sven Morlok (FDP) bekannt, dass die Planungsmittel für den zweiten Streckenabschnitt freigegeben werden können. Elf Millionen Euro Hochwassergelder sollten für den Wiederaufbau der Bahnstrecke zur Verfügung gestellt werden. Hinzu kämen in den Jahren 2011 und 2012 je zwei Millionen Euro Haushaltsgelder vom Freistaat Sachsen. Eine Gesamtsumme von 15 Millionen Euro, die die Kosten für den Wiederaufbau vollständig abdecken sollten. Doch ein Baubeginn fand 2011 wiederum nicht statt.
Eine positive Meldung erreichte die Freunde der Weißeritztalbahn am 31. Januar 2012. An diesem Tag stimmte das sächsische Kabinett dem Bau- und Finanzierungsvertrag für den Wiederaufbau der Strecke von Dippoldiswalde nach Kipsdorf zu. 15,2 Mio. Euro wurden dafür bereitgestellt. Doch zugleich sorgte das Betriebskonzept für Unverständnis, denn vorgesehen war für den oberen Abschnitt der Weißeritztalbahn ein nur 40-tägiger „Museumsbetrieb" pro Jahr. Zwischen Freital-Hainsberg und Dippoldiswalde waren noch fünf Verbindungen pro Tag angedacht, um mit dem bisherigen Geld weiterhin den Betrieb absichern zu können.
Am 19. Mai 2014 begannen mit der Sanierung zweier Brücken die Arbeiten auf dem Streckenabschnitt nach Kipsdorf. Doch weiter passierte nichts. Die Öffentliche Ausschreibung für den kompletten zweiten Bauabschnitt startete die SDG erst am 20. No-

vember 2015. Die Bieterfrist endete am 12. Januar 2016. Siegreich war ein Bieterkonsortium aus den Firmen Hentschke, Sersa und der Gleisbau Bautzen GmbH. Die Arbeiten an der Strecke begannen offiziell am 1. März 2016 und werden nachfolgend, bezogen auf die einzelnen Abschnitte, dargelegt.

**Dippoldiswalde - Ulberndorf**

Direkt am südlichen Bahnhofskopf von Dippoldiswalde befand sich der Verladeplatz für Schotter für den Gleisbau bis Obercarsdorf. Hier wurde der aus den drei Schotterwagen 02-04, 02-18 sowie 02-32 der SDG (Beschriftung: Mansfeld-Kombinat Wilhelm Pieck Eisleben) und der vormals rumänischen Lokomotive L45H-084 bestehende Arbeitszug mittels Radlader befüllt. Die eingesetzten Wagen hatten, um für den Eisenbahnbau als Schotterwagen genutzt werden zu können, einige Jahre zuvor bereits zusätzliche Schotterleitbleche bekommen, um den Wageninhalt sowohl mittig als auch seitlich ins Gleis einbringen zu können.

Zwischen Dippoldiswalde und dem weiter südlich gelegenen Örtchen Ulberndorf weist der Wiederaufbau eine Besonderheit auf. Am Ortsausgang von Dippoldiswalde erfolgte die Wiederherstellung der Strecke auf einer neuen Trasse. Ab Kilometer 16,094 führt die Strecke nicht wie vor der Flut links der B 170 (der ehemalige Bahnübergang befand sich in Kilometer 16,153), sondern rechts der Straße bis zum neuen Bahnübergang zwischen Ärztehaus und Möbelhalle am Kilometer 16,600. Erst nach dessen Befahrung wird am Kilometer 16,621 wieder die historische Strecke von 1882 erreicht.

Nach der Erstellung und der Verdichtung des neuen Bettungskörpers wurden die Schwellen ausgelegt. Nach dem Schottern befand sich das Gleis durch das vormalige Verdichten des Unterbaus minimal unter der zuvor ermittelten Sollgleislage. Deshalb mussten anschließend zwei Techniker mit manuell geführten Vormesswagen die vorhandene Gleislage aufnehmen. Dabei ermittelten sie die Höhen- und Richtungsdifferenz der Ist- zur Sollgleislage anhand von Fixpunkten. Mittels Digitaltechnik konnten die gewonnenen Daten an die Gleisstopfmaschine des Typs Metrolino B20 übertragen werden und das Stopfen des Gleises begann. Die

**Der Schotterzug auf dem Neubauabschnitt in Ulberndorf. Foto: Stefan Müller (11.08.2016)**

**Nach der Befüllung der Schotterwagen in Dippoldiswalde wird der Schotter in Ulberndorf ausgebracht und im Gleis verteilt.
Fotos: Stefan Müller (01.08.2016 und 04.08.2016)**

Maschine brachte das Gleis daraufhin automatisch in die richtige Position. Nach Abschluss dieser Arbeiten kam ein Bettungspflug zum Einsatz, welcher mittels eines Frontfluges sowie rotierenden Kehrbürsten auf der Rückseite das Schotterbett in Form brachte, wodurch der korrekte Bettungsquerschnitt entstand.

Die Errichtung des neuen Bahnübergangs am Ärztehaus fand vom 12. bis 15. August 2016 unter Vollsperrung der B 170 statt. Die Arbeitsschritte lauteten: Entfernen der Teerdecke samt Unterbau, Herrichtung des Gleisunterbaus, verlegen, schottern und stopfen des Gleises sowie teeren des Bahnübergangs. Drei Monate später begann die Errichtung der notwendigen Sicherungsanlagen.

Der Bahnübergang am Ärztehaus in Ulberndorf wird am Nachmittag des 13. August 2016 geschottert. Handbediente Arbeitsgeräte sind auch heutzutage noch im Einsatz.
Foto: Stefan Müller

Gleisbaumaschinen im Abschnitt Dippoldiswalde - Ulberndorf bei ihrer Arbeit. Nach dem Stopfgang kommt der Schotterbettungspflug zum Einsatz. Im Hintergrund ist der Schotterzug zu sehen.
Fotos: Stefan Müller

**Am 06.09.2016 war in der Ortslage Ulberndorf das neue Gleis schon eingeschottert. Mit dem CAT-Bagger galt es noch Arbeiten am Überweg auszuführen. Der Untergrund wurde dazu mittels Rüttelplatte verdichtet. Für den Zweiwege-Bagger im Hintergrund gab es gerade keine Aufgaben.**
**Foto: Katrin Böttger**

**Einige Helden des Wiederaufbaus: Bauarbeiter, die auch bei eiskalten Temperaturen an der Instandsetzung der Weißeritztalbahn arbeiten. Hier schließt einer von ihnen die Lichtsignalanlage am Bahnübergang in Ulberndorf an. (24.11.2016)**
**Foto: Stefan Müller**

## Ulberndorf - Obercarsdorf

Auch zwischen Ulberndorf und Obercarsdorf musste der Gleisunterbau komplett erneuert werden. Im Gegensatz zum vorangegangenen Abschnitt kam auf diesem Teilstück vor allem gereinigter Altschotter zum Einbau, d. h. der alte Schotter wurde abgetragen, aufwendig gereinigt und wieder eingebaut, eine kostensparende und umweltschonende Arbeitsweise.

**Ortseingang Obercarsdorf: Kräftig gebaut wird an der Wiederherstellung des Bahnübergangs über die B170. Nur zwei Tage sind Zeit, um das Gleis zu verlegen und neuen Teer aufzubringen – bei sommerlich heißen Temperaturen kein Vergnügen für die Bauarbeiter.**
**Fotos: Stefan Müller (20.08.2016)**

Die Flutbrücke in Obercarsdorf: Während auf dem oberen Foto gerade erst die Gleise auf der Brücke verlegt wurden, ist unten der Zustand der Brücke im Hochwasserfall zu sehen. Circa fünf Jahre soll dieses Provisorium währen, ehe der komplette Streckenabschnitt höher gelegt werden soll.
Fotos: Stefan Müller (20.08.2016 / 08.03.2017)

Im Bahnhof Obercarsdorf arbeitete am 06.09.2016 die Metrico-Gleisstopfmaschine. Auf der B 170 fuhr die „Gummikonkurrenz“ nach Altenberg Bahnhof vorbei.
Foto: Katrin Böttger

Am Ortseingang von Obercarsdorf musste vom 19. bis 22. August 2016 die B 170 gesperrt werden, um den Bahnübergang zu erneuern. Direkt daran anschließend befindet sich eine weitere Besonderheit der „neuen Weißeritztalbahn", eine anhebbare Brücke über die Rote Weißeritz. Die Errichtung dieses Bauwerkes gehörte zu den Hochwasser-Schutzauflagen. Im Hochwasserfall – ein Anheben der Brücke ist ab Hochwasserwarnstufe eins und steigenden Wasserstand vorgesehen – wird die Bahnbrücke vom Dippoldiswalder Ortsverband des Technischen Hilfswerkes (THW) betreut. In vier Stufen lässt sich die Brücke auf bis zu 80 Zentimeter anheben. Für das Hochkurbeln sind nur fünf Personen nötig. Vier müssen an jeder Ecke kurbeln, der fünfte übernimmt die notwendige Koordination der Arbeiten. Das benötigte Werkzeug wurde beim THW-Ortsverband in Dippoldiswalde eingelagert.
Im Herbst 2016 folgte die Modernisierung des Stationsgebäudes Obercarsdorf. Die bei einer Analyse von Farbproben auf verwitterten alten Hölzern festgestellten Farben fanden bei der Neugestaltung Verwendung. Somit entspricht die angebrachte Lackierung der Erstlackierung von 1882. Im Bahnhofsgelände entstand für den Weiterbau nach Schmiedeberg ein Lagerplatz für Schotter und Gleisbauutensilien.

**Obercarsdorf - Schmiedeberg-Naundorf**

In diesem Abschnitt mussten die Schienen komplett demontiert sowie der alte Gleisunterbau abgetragen werden, bevor der grundhafte Neuaufbau der Gleisanlagen beginnen konnte. Für den Unterbau kam neuer Schotter zum Einbau. Zudem fanden recyclingbare Schwellen Verwendung. Diese sollen nicht nur günstiger sein sondern auch aufgrund ihrer Beschaffenheit eine längere Lebensdauer haben.
Ein weiterer Schwerpunkt der Wiederaufbauarbeiten bis Schmiedeberg-Naundorf lag auf der Erneuerung der über die B 171 führenden Bahnbrücke in Naundorf, welche für diese Arbeiten Ende 2014 zum Bahnhof Obercarsdorf transportiert und unter einem Zelt saniert wurde. Bereits im Juni 2015 erfolgte ihr Wiedereinbau.

**Auch die historischen Hochbauten erhielten eine Aufarbeitung, wie hier am 06.09.2016 die Wartehalle in Schmiedeberg-Naundorf. L45 H-084 war gerade mit einem Schotterwagen unterwegs.
Foto: Thomas Böttger**

**Arbeitszug im Jahr 2016 in Schmiedeberg-Naundorf. Fotos: Stefan Müller (07.09.2016)**

**Schmiedeberg-Naundorf - Schmiedeberg**

Die Sanierung des südlichen Brückenteils des Schmiedeberger Viadukts stellte die größte Herausforderung für die Bauarbeiter in diesem Abschnitt dar. Hier waren im Sommer 2015 umfangreiche Erneuerungsarbeiten notwendig, um die Standsicherheit des Viaduktes für viele weitere Jahre zu garantieren. Zudem musste im gleichen Zeitraum auch eine Brücke im Bahnhofsbereich neu errichtet werden. Unter ihr befindet sich die Zufahrt zum Empfangsgebäude, welches aktuell privat als Kunstatelier genutzt wird.

Am 7. September 2016 erreichte dann erstmals nach Rekonstruktion der Gleisanlagen zwischen Schmiedeberg und dem Ortsteil Naundorf ein Bauzug den ersten Endpunkt der Weißeritztalbahn. Schmiedeberg diente im weiteren Verlauf der Gleisbauarbeiten Richtung Kipsdorf als zentraler Bahnhof, von dem aus der Schotter- sowie auch ein aus den HHw 97-25-50, 97-25-51, 97-25-54 und 97-25-38 bestehender Gleistransportzug zum Einsatz kamen. Da aber nur die L45H-084 als Zuglokomotive zur Verfügung stand, konnte jeweils nur einer der beiden Züge zum Einsatz kommen.

**Noch bevor der Wiederaufbau so richtig Fahrt aufnahm, konnte das Schmiedeberger Viadukt samt Wiederlager auf Vordermann gebracht werden. Foto: Stefan Müller (01.07.2015)**

**Am 14. September 2016 ist Bahnfreund und Hobbyfotograf Karl Wolf von Zwickau nach Schmiedeberg gereist und hat Glück, sowohl die Gleisstopfmaschine als auch den Schotterzug auf dem hiesigen Viadukt anzutreffen.**
**Fotos: Karl Wolf**

Im Bahnhofsbereich war zudem das historische und bei Zugkreuzung / Lokumsetzungen auch heute noch im Bedarfsfall genutzte Stellwerk zu modernisieren. Auch dieses erhielt im Verlauf der Instandsetzungsarbeiten seine historischen Farben zurück. Genutzt wird es hingegen kaum, 2017 war dies nur am 30. Oktober nötig, als die weitere Strecke bis zum Kurort Kipsdorf wegen Sturmschäden gesperrt war und die Zuglokomotive deshalb hier umsetzen musste.

## Schmiedeberg - Buschmühle

Zwischen Schmiedeberg und Buschmühle sorgte der Mühlgraben zum ehemaligen Nitzsche-Elektrizitätswerk im Pöbeltal für einen unerwarteten Gleisbaustopp im Sommer 2016 und damit hauptsächlich auch dafür, dass der ursprüngliche Plan der Wiederinbetriebnahme der Strecke noch im Jahr 2016 scheiterte. Im Bereich von Kilometer 22,4 bis 22,6 wurde der Bahnkörper durchweicht, was zum zeitweiligen Einstellen der dortigen Arbeiten führte. Erst im September und Oktober konnte das Gleis in diesem Abschnitt verlegt werden, so dass am 19. Oktober 2016 erstmals nach 14 Jahren, zwei Monaten und einer Woche ein Zug den Haltepunkt Buschmühle erreichte. Weitere bauliche Herausforderungen bestanden in der Errichtung von Stützwänden, welche das Gleis vor neuen Zerstörungen durch die Weißeritz schützen sollen.

**Am 19. April 2016 sieht der Bahnhofsbereich noch recht wüst aus. Doch alle alten Anlagen mussten raus. Im Hintergrund ist bereits zu erkennen, wie der Gleisunterbau hergerichtet wird. Im Bild rechts nähert sich die Gleisstopfmaschine am 24. November 2016 dem Haltepunkt Buschmühle, denn Weichen und Kreuzungsgleis gibt es nicht mehr, damit fällt auch die Bezeichnung Bahnhof weg. Fotos: Stefan Müller**

## Buschmühle - Kurort Kipsdorf

Zwischen Buschmühle und Kipsdorf mussten mehrere Stützwände gesetzt, der gesamte Gleisunterbau erneuert sowie die Brücke am Streckenkilometer 23,785 instand gesetzt werden. Seit 26. Juli 2016 befindet sie sich auf ihren Wiederlagern. Bei diesem Überbau handelt es sich allerdings nicht um den historisch hier vorhandenen. Denn dieses 18,5 Meter lange Bauwerk war von 1966 bis 2002 an der Ratsmühle in Dippoldiswalde im Einsatz, musste dort beim Wiederaufbau aber einem Neubau mit größerer Spannweite weichen.

Aufgrund der Schwierigkeiten im Bereich Schmiedeberg - Buschmühle und des notwendig gewordenen Baustopps erfolgte im August 2016 der Gleisbau talwärts von Kipsdorf (unterhalb des Lokschuppens) aus bis zum Kilometer 23,9. Das restliche Gleisstück bis zur Brücke am Kilometer 23,785 konnte Ende September errichtet werden. In Höhe des Lokschuppens bis zum Bahnübergang an der B 170 waren umfangreiche Arbeiten an den Stütz-

Die Gleisstopfmaschine im Einsatz am Bahnübergang in Kurort Kipsdorf.
Foto: Jörg Müller (05.11.2016)

Nachdem der Schotterzug seinen Dienst beendet hat, kommt ein von einem Bagger geschobener Schotterbettungspflug zum Einsatz.
(05.11.2016)
Fotos: Stefan und Jörg Müller

**Gleisbauarbeiten im Bahnhof Kurort Kipsdorf. Bald ist der Wiederaufbau geschafft. Die letzte Gleislücke ist bereits geschlossen, nun fehlt nur noch der Termin für die Wiedereröffnung! Fotos: Stefan Müller (01.12.2016 / 15.03.2017)**

mauern nötig, um zukünftige Schäden bei einem Hochwasser möglichst auszuschließen. Erst nach Abschluss dieser Arbeiten konnte auch hier mit dem Gleisbau begonnen werden.

Weiterhin war in diesem Streckenabschnitt die Sanierung des Kipsdorfer Lokschuppens, welcher eine neue Dachbedeckung, neue Tore, eine modernisierte Aufständerung der Gleise sowie einen historischen Anstrich erhielt, erforderlich. Der Gleisanschluss des Heizhauses sowie die Wiederherstellung des Bahnübergangs mit der B 170 wenige hundert Meter vor dem Endbahnhof Anfang November 2016 zählten zu den weiteren Arbeitsschritten.

Im Bahnhof Kurort Kipsdorf mussten im Sommer 2016 Stützmauern, die Bahnhofsentwässerung, der historische Uhrenturm, der Wasserkran sowie die Fassade des Stellwerks erneuert werden. Die für das Stellwerk verwendete Farbstruktur sollte wiederum der ursprünglichen im Jahre 1883 angebrachten Lackierung entsprechen. Auch an den Gleisanlagen des Endbahnhofs erfolgten umfangreiche Arbeiten.

**Der Schienentransportzug im Endbahnhof. Nicht benötigtes Material wird eingesammelt, die „Baustelle Endbahnhof“ am 12. April 2017 geräumt.
Foto: Stefan Müller**

Am 29. November 2016 fuhr der Schotterzug erstmals in den Bahnhof Kipsdorf ein. Dabei handelte es sich um die erste Zugfahrt in den Endbahnhof der Weißeritztalbahn seit dem 12. August 2002!

Offiziell endete der Wiederaufbau des 2. Bauabschnittes am 31. Mai 2017. Nach ersten Schätzungen förderten Bund und Freistaat den Wiederaufbau mit gut 40 Millionen Euro, davon entfielen ca. 17 Millionen auf den Abschnitt Dippoldiswalde - Kurort Kipsdorf. Berücksichtigung beim Wiederaufbau fanden sowohl Denkmal-, Natur- und Hochwasserschutz.

Zum Abschluss des Kapitels sollen einige zusammenfassende Daten, die den Wiederaufbau des oberen Streckenabschnittes charakterisieren, dargelegt werden:

- Neubau zweier Brückenbauwerke (in Ulberndorf und Buschmühle)
- Umfangreiche Arbeiten an fünf weiteren Brückenbauwerken
- Aufarbeitung von 15 Weichen
- Ausbringung von gut 6.000 Tonnen Mineralgemisch sowie 11.000 Tonnen Schotter
- Entsorgung von über 10.000 Tonnen Altmaterial (Schotter, Schwellen, Schienen etc.)
- Errichtung von 23 Stützbauwerken, davon zwölf Neubauten
- Sanierung von 46 Bahnübergängen, davon zwei mit Halbschrankenanlage sowie ein BÜ mit Lichtsignalanlage (in Kurort Kipsdorf, Obercarsdorf sowie Ulberndorf)
- Denkmalgerechte Sanierung der Bahngebäude
- Neubau von Bahnsteigen und Beleuchtungsmasten
- Wiederherstellung des Uhrenturms im Bahnhof Kurort Kipsdorf
- Sanierung der Anlagen zur Lokwasserversorgung im Endbahnhof (Quellschacht, Hochbehälter, Leitungen und Wasserkran)
- Wiederherstellung der Entwässerungsgräben

## 3.8 Wiedereröffnung der Strecke von Dippoldiswalde bis Kurort Kipsdorf

Nach einigen Personalschulungsfahrten mit der SDG-Diesellok, einer nichtöffentlichen Dampfloksonderfahrt sowie dem Bauarbeiter-Sonderzug bis Kurort Kipsdorf in den vorangegangenen Wochen war am 17. Juni 2017 der große Tag für Einheimische und Bahnfans aus aller Welt gekommen! Endlich konnten die Schmalspurzüge wieder die gesamte Strecke der Weißeritztalbahn von Freital-Hainsberg bis Kurort Kipsdorf befahren. Ein aus elf Wagen gebildeter Festsonderzug für geladene Gäste, gezogen von der Zuglok 99 1793-1 (geführt von André Dörfelt und Bernd Reschke) sowie der Vorspannmaschine 99 1734-5 (mit Raimo Pohlmann und Manfred Kosin), startete 10:00 Uhr im Bahnhof Freital-Hainsberg unter großem Applaus der Bevölkerung.
Nach 45 Minuten Fahrtzeit war die bisherige Endstation der Weißeritztalbahn, der Bahnhof Dippoldiswalde, erreicht. Nachdem sich zunächst einige Landes- und Regionalpolitiker im Führerstand der Zuglokomotive präsentierten, begannen die Eröffnungsformalitäten. Nach einigen kurzen Ansprachen übergab Dr. Henkel, der Landesbeauftragte für Bahnaufsicht in Sachsen, die Betriebserlaubnis für den oberen Streckenabschnitt an den SDG-Geschäftsführer Roland Richter. Anschließend spannten Mitarbeiter des Verkehrsverbundes Oberelbe ein grün-weißes „Sachsen-Band" vor dem Festzug auf, welches kurz danach u. a. von Andrea Dombois (Vize-Landtagspräsidentin in Sachsen), Martin Dulig (Sächsischer Verkehrsminister), Dr. Steffen Henkel, Thomas Kirsten (Bürgermeister der Stadt Altenberg), Jens Peter (Bürgermeister der Stadt Dippoldiswalde) und Roland Richter (Geschäftsführer der SDG) zerschnitten wurde. Damit war der Streckenabschnitt nach Kipsdorf symbolisch freigegeben!

**In Freital-Hainsberg präsentieren sich die drei Dampflokomotiven 99 1734-5, 99 1777-4 und 99 1793-1 schon festlich geschmückt vor dem Lokschuppen. Foto: Kevin Steckel**

**Wenig später bespannen 99 1793-1 und 99 1734-5 den Eröffnungszug, mit dem sie gerade dem Haltepunkt Freital-Coßmannsdorf zustreben. Eine kuriose Begebenheit am Rande: Keine dieser Loks war bei der Eröffnung des ersten Abschnittes im Dezember 2008 im Einsatz. Demzufolge gibt es auch keine Maschine, die zu beiden Teilstrecken-Eröffnungen im Einsatz stand. Foto: Kevin Steckel**

Im Eröffnungszug saßen neben Politikern und Presseleuten auch Unterstützer des Wiederaufbaus. Allerdings fehlten hier die maßgeblich an der Rettung der Strecke beteiligten Mitstreiter der IG Weißeritztalbahn (außer deren Vorsitzender), die allesamt keine Einladung für den Festzug erhielten. Ohne das Engagement der IGW hätte die Wiedereröffnung bis Kurort Kipsdorf womöglich niemals gefeiert werden können, deshalb waren viele aus dem Verein enttäuscht, dass ihre unermüdlichen Bestrebungen an diesem Tag ohne Honorierung blieben.
11:30 Uhr: Mit einem langen Pfiff setzte sich der Eröffnungszug zu seiner Fahrt nach Kurort Kipsdorf in Bewegung. Tausende Menschen jubelten entlang der elf Kilometer langen Strecke dem Zug zu. Hunderte Fotografen liefen nahezu an jedem Ort anderen Artgenossen ins Bild, auch die parallele Bundesstraße war durch Schaulustige zeitweise verstopft.
Nach über einer halben Stunde Fahrt war der Endbahnhof erreicht. Angesichts der Aufbauzeit von fast 15 Jahren passte die Ankunftszeit in Kurort Kipsdorf recht gut, denn es war „Fünf nach Zwölf" – ein Schelm, wer Böses dabei denkt! Im Endbahnhof folgte die Fortsetzung der Feierlichkeiten bei Sekt und Blasmusik. Festreden sowie ein kaltes Buffet rundeten die Feierlichkeiten ab.
Das breite Publikum hatte um 13:42 Uhr erstmals selbst die Gelegenheit, in Kipsdorf mit dem Zug Richtung Freital-Hainsberg zu starten. Die erste öffentliche Fahrt in Gegenrichtung startete 13:22 Uhr, sodass 14:54 Uhr der erste öffentliche Zug seit 14 Jahren, 10 Monaten und 5 Tagen wieder den Endbahnhof im Osterzgebirge erreichte. Um am Eröffnungstag in den Zügen mitfahren zu können, hatten sich einige Fahrgäste bereits ein gutes Jahr vorher ihre Fahrkarten reservieren lassen.

**Die Weißeritztalbahn wird im 2. Bauabschnitt wiedereröffnet! Symbolischer Banddurchschnitt im Bahnhof Dippoldiswalde am 17. Juni 2017. Die Verantwortlichen strahlen an diesem Tag mit der Sonne um die Wette und Anwohner sowie Bahnfans „schießen" fleißig Bilder. Vergessen scheint die fast 15-jährige Bahnabstinenz in dieser Region.**
**Fotos: Jörg Müller / Stefan Müller**

Hunderte Menschen empfangen den Eröffnungszug im Bahnhof Kurort Kipsdorf. Nahezu jeder Einheimische ist auf den Beinen, um diesen für den Ort historischen Tag mitzuerleben. Die beiden Lokomotiven des Eröffnungszuges nehmen nach der Ankunft Wasser und bespannen anschließend den ersten öffentlichen Zug nach Freital-Hainsberg.
Fotos: Stefan Müller

Auch das Empfangsgebäude Kurort Kipsdorf, heute Bürgerhaus, war am 17.06.2017 festlich geschmückt. Neben Informationsbüro und Mehrzweckräumen beherbergt es auch eine kleine Ausstellung über die Weißeritztalbahn.
Foto: Gerd Göpfert

Wegen des Besucheransturmes waren Parkmöglichkeiten am Tag der Wiedereröffnung rar. Deshalb nutzten auch diese Skodafreunde den schmalen Streifen am Bahndamm in Kipsdorf für einen kurzen Stopp.
Foto: Gerd Göpfert

Zuschauer gab es auch bei der Rückfahrt, hier im Bahnhof Dippoldiswalde.

Auch am Nachmittag befuhr die Garnitur des Eröffnungszuges nochmals die Gesamtstrecke. Hier bei der Einfahrt in Seifersdorf.
Fotos: Katrin Böttger

# 4 Geschichten und Anekdoten

## 4.1 Aufgewachsen in Coßmannsdorf

*(von Günter Börner)*

1943 geboren verbrachte ich meine Kindheit in Coßmannsdorf in unmittelbarer Nähe zur damals noch fahrenden Straßenbahnlinie 3 sowie zur Weißeritztalbahn. Als kleines Kind schon faszinierte mich alles, was auf Gleisen rollte. Von unserer Wohnung aus konnte ich immer auf die Schienen schauen und war sowohl von den Straßenbahnen als auch den Schmalspurloks begeistert, wobei mich die Straßenbahn noch mehr interessierte. Was auch daran lag, dass der Vater meiner Schulkameradin Straßenbahnfahrer war und mich so manchmal direkt an der Haustür herausließ, obwohl dort gar keine Haltestelle war. Außerdem gab es hier viel mehr zu beobachten, beispielsweise die Fangkörbe vor den Rädern. Diese sollten Personen, die „auf den Gleisen lagen", vor dem Überfahren schützen. Später wollte ich dann auch bei der Straßenbahn als Elektriker arbeiten, doch das klappte nicht. Dafür war ich als Reichsbahnbrückenprüfer bei der Eisenbahn angestellt, auch toll!

Zurück zu meiner Kindheit. Natürlich fuhr ich so oft es ging mit der „Glocke", so hieß die Straßenbahn bei uns, sowie der Bimmelbahn. Auch gespielt haben wir Kinder häufig entlang der Strecke, u. a. im Rabenauer Grund und dabei die schwer arbeitenden Dampfloks vor den Güterzügen beobachtet. Wie gerne wären wir einmal selbst im Führerstand mitgefahren, doch das war natürlich nicht möglich…

**Dieses Foto, entstanden Mitte der 1950er Jahre in Coßmannsdorf, ist das erste Eisenbahnfoto des damals ca. 12-jährigen Eisenbahnfreundes Günter Börner. Oben ist die „Glocke" neben dem Schmalspurgleis zu sehen. Sammlung: Günter Börner**

Im Winter waren wir immer oberhalb der Gleisschleife Hainsberg-Süd rodeln. Hainsberg-Süd war die damalige Stationsbezeichnung für Coßmannsdorf. Die Schmalspurbahn fährt ja zum Glück immer noch, doch statt der Gleisschleife der Straßenbahn befinden sich heute Wohnblocks neben dem Haltepunkt der Weißeritztalbahn. Vom Rodelhang hatten wir damals natürlich einen herrlichen Blick auf Glocke und Bimmelbahn. Wie habe ich diese Aussicht geliebt. Und damals in den 50er Jahren schneite es auch noch recht häufig in Freital, sodass wir oft dieses Vergnügen hatten.
Auch sind wir gelegentlich auf dem Richtung Tharandt gelegenen Backofenfelsen herum geklettert. Von dort oben fiel der Blick auf die Hauptbahn von Dresden nach Werdau sowie das dahinter liegende Gleis der Schmalspurbahn. Wer diese Aussicht kennt weiß, warum wir damals alle eisenbahnbegeistert waren! Wir hatten das Gefühl, auf eine Modellbahnanlage zu gucken, so klein kamen uns die Züge vor. Aber das Beste waren die Dampffahnen der Schmal- und Normalspurzüge, die manchmal sogar bis zu uns hinauf zogen. War das ein herrlicher Duft! Noch heute erinnere ich mich gern an meine Kinderzeit zurück. Leider gibt es die Glocke seit 1974 nicht mehr. Umso schöner, dass seit 2017 wieder eine Fahrt von hier bis Kurort Kipsdorf mit der Bimmelbahn möglich ist! Möge sie die heutigen Kinder genauso begeistern wie uns damals!

**1974 traf Günter Börner den MAN-Zug mit dem führenden Tw 203 660 an.**

**Einige Jahre später konnte Dirk Steckel nur noch ungenutzte Straßenbahngleise und die Bimmelbahn ablichten, denn die Glocke fuhr nicht mehr.**

Zwei weitere „Glocke“-Fotos. Oben sehen wir den Triebwagen 201 733 neben dem Schmalspurgleis kurz vor der Endstation der Straßenbahn. Das zweite Foto ist an selbiger entstanden. Sammlung: Günter Börner

## 4.2 Die Wildwasserrennsport- und Kanuslalom-WM 1961 im Weißeritztal

*(von Günter Börner)*

Juli 1961: Als 18-jähriger interessierte ich mich nicht nur für Straßen- und Eisenbahn, sondern auch für Sportveranstaltungen, ganz besonders, wenn sie in meiner Heimat stattfanden. Ein ganz besonderes Erlebnis war für mich die Wildwasserrennsport-Weltmeisterschaft im Rabenauer Grund, die in Kombination mit der Kanuslalom-Weltmeisterschaft vom 22. bis zum 26. Juli 1961 stattfand. Bei der Wildwasserrennsport-Weltmeisterschaft handelte es sich, wie ich in diesen Tagen in der Zeitung lesen konnte, erst um die zweite WM in dieser Sportart nach 1959 im französischen Ort Treignac. Die erste Kanurennsport-WM fand hingegen schon 1938 (ausgetragen in Vaxholm / Schweden) statt.

Auf die Schmalspurbahn kam eine wichtige Transportaufgabe zu. Schließlich verfolgten die Wettkämpfe geschätzte 30.000 bis 40.000 Zuschauer, die in den Rabenauer Grund zu befördern waren. Es gab sogar einen Zug, der während den Veranstaltungen als eine Art Tribüne diente und an der Rennstrecke abgestellt war.

Insgesamt versammelten sich Athleten aus 13 Nationen bei diesen Weltmeisterschaften im Weißeritztal. Im Kanuslalom gab es acht Wettkämpfe, wobei fünfmal die DDR-Mannschaft und dreimal das Team aus der Tschechoslowakei den Sieger stellten. Bei den fünf Wettkämpfen im Wildwasserrennsport erklang bei der Siegerehrung viermal die Hymne der DDR sowie einmal die der Tschechoslowakei. Es gingen also neun der insgesamt 13 Titeln an „unsere" Athleten, das war ein Jubel!

**Anlässlich dieser WM gab die Deutsche Post der DDR am 6. Juli 1961 Sondermarken mit 5-, 10- und 20-Pfennigwert heraus. Hier der Kanadier-Zweier nach dem Entwurf vom Grafiker Oswin Volkamer.**
**Sammlung: Thomas Böttger**

**Noch heute erinnert eine Hausfassade in der Nähe der BGH Freital an das herausragende Sportereignis des Jahres 1961.**
**Foto: Stefan Müller**

Damit die Wettkämpfe überhaupt stattfinden konnten, ließ der Staumeister der Talsperre Malter 18 m$^3$ Wasser pro Sekunde ab. Denn wer die Rote Weißeritz kennt, der weiß, dass im Sommer oft recht wenig Wasser Richtung Freital fließt und damit kein Wassersport möglich ist. Deshalb musste die Talsperre in Malter ordentlich „angezapft" werden.

**Ein Foto aus dem Rabenauer Grund, allerdings nicht von 1961 sondern von 2016. Zuglok ist 99 1734-5. Fotos: Stefan Müller**

**Am 28. Mai 2012 durchfährt dieselbe Lok mit ihrem Zug den Rabenauer Grund.**

## 4.3 Künftig mit Dieseltraktion nach Kipsdorf?

*(von Heinz Schwarzer)*

Anfang der 1960er Jahre: Werden die Züge nach Kipsdorf zukünftig mit Dieselloks bespannt? Wie ich erfuhr, entwickelt die Deutsche Reichsbahn seit 1956 schmalspurige Dieselloks der Baureihe V36.48 (auch als V36K bezeichnet). Diese sollten nach und nach die schon viele Jahrzehnte im Dienst stehenden IV K-Dampflokomotiven im Netz der sächsischen Schmalspurbahnen ersetzen und könnten später auch im Weißeritztal heimisch werden. Ob es dazu kommen wird? Ich kann in Erfahrung bringen, dass inzwischen zwei Versuchslokomotiven gebaut sind, die V36 4801 (1960 ausgeliefert) sowie ihre Schwester V36 4802 (1961 ausgeliefert). Konstruiert hat sie der VEB Lokomotivbau „Karl Marx" in Babelsberg. Die Loks kommen auf eine stattliche Länge von 12,1 Metern und sind mit ihrer hellblauen Farbgebung ein echter Hingucker. Die zwei je 180 PS starken Motoren sorgen für eine Höchstgeschwindigkeit von 30 km/h. Maximal 43 weitere Maschinen sollten folgen, wenn die Tests erfolgreich verlaufen würden. Folgende Leistungsparameter müssten die Loks, welche nach Vorstellung der DR sowohl im Personen-, Güter- und Rangierdienst zum Einsatz kommen werden, erfüllen: Beförderung von bis zu 250 t schweren Zügen in der Waagerechten bei 30 km/h und 100 t schwere Züge bei 35 ‰ Steigung mit 10 km/h. Der kleinste befahrbare Bogenhalbmesser soll 50 m betragen. Das Heizen und Beleuchten der Reisezugwagen gehörten ebenso zu den Anforderungen an die neuen Lokomotiven, welche 600 Liter Kraftstoff bunkern können. Um die Maschinen möglichst kostengünstig produzieren zu können, ist der Einsatz von Bauteilen aus normalspurigen Fahrzeugen geplant.

Das klingt für mich sehr verheißungsvoll, doch schon die ersten ab Mai 1961 durchgeführten Tests der zwei Lokomotiven, u. a. von Freital-Potschappel in Richtung Wilsdruff ausgehend zeigen, dass die Konstruktion der Lok nicht wirklich gelungen ist. Wie mir gesagt wird, beträgt die Radsatzfahrmasse mehr als das geforderte Limit von 7,5 t, wie viel genau, weiß zu diesem Zeitpunkt noch niemand. Das heißt aber, dass die Lok zu schwer für den Oberbau einiger der sächsischen Schmalspurbahnen ist. Somit können Testfahrten nur auf bestimmten Strecken erfolgen, u. a. auf der Weißeritztalbahn!

Zunächst werden die beiden V36K jedoch im Wilsdruffer Schmalspurnetz erprobt. Zumindest die erreichte Zugkraft erfüllt die Erwartungen. Doch neben den Gewichtsproblemen sind die Fahrten von zahlreichen „Kinderkrankheiten" geprägt. Beispielsweise ist die Schallisolierung unzureichend, es entsteht deshalb ein hoher Lärmpegel im Führerstand und auch außerhalb der Lokomotiven. Zudem sind die Aggregate nur schlecht zugänglich, was ebenfalls negativ ins Gewicht fällt. Die Kühlwassertemperatur bereitet auch Kopfzerbrechen, was u. a. an den Ölkreisläufen liegt. Sollte die Lok also eine Fehlkonstruktion sein? Die nächsten Monate werden es wohl zeigen!

Am 24. August 1961 wird dann erstmals die Weißeritztalbahn befahren. Ziel ist die Gleisbrückenwaage in Dippoldiswalde. Ohne Beanstandung erreicht der kurze Zug, nur ein vierachsiger Personenwagen hängt hinter der V36 4801, den Bahnhof. In diesem Wagen sitzen auch Vertreter der Zulieferfirmen, um sich eine eigene Meinung über die Lokomotive zu

**V36 4801 auf dem Transportwagen 84-80-11 in Freital-Potschappel im Jahr 1962.**
**Foto: Georg Otte / Sammlung: Matthias Hengst**

bilden. Zudem führen sie, wie zu erfahren ist, verschiedene Messungen durch, u. a. zu Schwingungen und zur Temperaturentwicklung in den Ölkreisläufen. Spezielle Messgeräte finden dafür einen Platz auf der Lok.

In Dippoldiswalde wird aus der bisher nur vermuteten zu hohen Reibungslast pro Achse Gewissheit, denn das Ergebnis lautet 9,2 Tonnen, also ganze 1,7 Tonnen mehr als das vereinbarte Limit! Daraufhin ergeht der Erlass, die Versuchsfahrten mit den Dieselloks zunächst abzubrechen und das nach lediglich 1.597 zurückgelegten Kilometern der V36 4801. 3.100 Liter Kraftstoff sind dafür nötig gewesen. Auch die später ausgelieferte V36 4802 wird abgestellt. Sie hat zu diesem Zeitpunkt gerade einmal gut 500 Kilometer absolviert. Damit ist klar, dass es auch in den nächsten Jahren weiterhin per Dampf nach Kipsdorf gehen wird!

Später erfahre ich, wie es mit den Lokomotiven weiterging: Im Mai 1962 trafen diese im Bw. Zittau ein und kamen zunächst in das Heizhaus nach Bertsdorf. Bei einem Erörterungstermin zu einem angestrebten Umbau der Maschinen am 25. Mai wurde beschlossen, die V36 4801 teilweise zu demontieren. Die Schwesterlok blieb hingegen zunächst im Bertsdorfer Lokschuppen abgestellt. Im Juli folgte eine (nahezu ergebnislose) Besprechung mit Vertretern der Herstellerfirma. Dafür sprach sich die zuständige Reichsbahndirektion, die Rbd Cottbus, gegen einen Versuchseinsatz der Loks auf den Zittauer Strecken aus, so dass die Loks keine weiteren Kilometer sammeln konnten. Im September 1964 zogen die Verantwortlichen einen Schlussstrich unter das erfolglose Kapitel „Erprobungsfahrten“ und damit auch unter das Kapitel „Traktionswandel“.

Die sächsischen Schmalspurbahnen blieben also in „Dampflok-Hand“ und sind es bis heute, denn es gab niemals eine Serienproduktion von Dieselloks. Aus den Versuchsloks entfernten die Werkstattmitarbeiter 1964/1965 einige weiterverwendbare Bauteile sowie Aggregate und verschrotteten die Maschinen nach einer weiteren kurzen Abstellzeit im Lokschuppen Bertsdorf wenig später.

Heutzutage erinnern fast nur noch Modelle, beispielsweise in H0e, an diese ungewöhnlichen, aber zugleich recht form- und farbschönen Lokomotiven. Zudem gibt es noch einige Bilddokumente, ein Lokschild der V36 4801 sowie vier Lüfterklappen der V36 4802.

## 4.4 Die letzte I K

*(von Günter Börner)*

1963: In Schmiedeberg, genauer im Werksverkehr des Eisenwerkes Schmiedeberg, war noch die I K Lokomotive mit der Nummer 12 im Einsatz, wobei die Betonung auf „noch" liegt. Denn im Verlauf des angesprochenen Jahres kam ihre Ablösung in Form einer modernen Diesellok. Leider, muss ich sagen. Wir Eisenbahnfreunde hofften ja damals darauf, dass die Maschine erhalten bleibt, schließlich handelte es sich um die letzte noch vorhandene Originallokomotive der ersten sächsischen Schmalspurdampflokgattung. Doch dieser Traum endete ein Jahr später, als die Maschine bedauerlicherweise in den Schrott wanderte. Ein Drama, aus Sicht vieler Eisenbahnfreunde. „Wie kann man nur so mit einem technischen Denkmal umgehen?", haben wir uns lange gefragt. Und: „Warum hat sich das Verkehrsmuseum in Dresden nicht für den Erhalt der Lok interessiert?" Nie wieder würde eine I K auf sächsischen Gleisen zu sehen sein, da waren wir uns sicher! Denn wer hätte damals schon geahnt, dass ab 2009 wieder eine (Neubau-) I K, die Nummer 54, unterwegs sein wird?! Zum Glück ist es so gekommen, doch fast noch schöner wäre es gewesen, wenn die „12" damals nicht den Weg des „alten Eisens" hätte gehen müssen. Aber wer weiß, ob ohne die Verschrottung und den Neubau der „54" heute noch bzw. wieder eine I K über sächsische Gleise zuckeln würde?
Doch jetzt zur Geschichte der kleinen Maschine. Gebaut wurde die Lok 1884 unter der Fabriknummer 1365 bei der Sächsischen Maschinenfabrik vormals Richard Hartmann in Chemnitz. Für 17.768,81 Reichsmark stand sie bis 1923 im Dienst der Staatsbahn, in den ersten Jahrzehnten bei den Königlich Sächsischen Staatseisenbahnen (nach dem Ersten Weltkrieg entfiel der Zusatz „Königlich"), ab 1920 für die Deutsche Reichsbahn. Eingesetzt war sie u. a. auf der Lößnitzgrundbahn Radebeul - Radeburg, im Mügelner Netz sowie auf der benachbarten Müglitztalbahn. Am 6. Juni 1923 kaufte sie die „Mühlenbauanstalt und Maschinenfabrik Schmiedeberg, vormals Gebrüder Seck" für 18 Mio. Mark (Inflation!) und setzte sie fortan als Werklok 1 ein. Hier verrichtete sie noch einmal 40 Jahre zuverlässig ihren Dienst!

**Blick aus dem fahrenden Zug auf die rangierende I K Nummer 12 mit Lokführer Adolf Wald in Schmiedeberg. (Mai 1956)**
**Foto: Georg Otte / Slg.: Matthias Hengst**

Als Nummer 1 bezeichneten wir Eisenbahnfreunde die Lok übrigens nie, für uns blieb sie immer die „Nummer 12".

**Zwei weitere Bilder dieser legendären Lok entstanden im Mai 1956. Wie viele Eisenbahnfreunde sind wohl damals nur wegen dieser Maschine nach Schmiedeberg gefahren? Doch retten konnte sie leider keiner, sodass seit 1964 keine Original-I K mehr existiert.**
**Fotos: Georg Otte / Sammlung: Matthias Hengst**

## 4.5 Ferienerlebnisse an der Talsperre Malter

*(von Thomas Böttger)*

In den späten 1960er Jahren ergab sich für meine Eltern und mich mehrmals die erfreuliche Gelegenheit, in einem Holzhäuschen im Bormannsgrund an der Talsperre Malter zwei Wochen lang die Ferien zu verbringen. Der Grund dafür war nicht so angenehm, denn der Besitzer des Ferienhauses, ein älterer Kollege meines Vaters, war Kriegsversehrter und hatte durch das sinnlose Schlachten im Zweiten Weltkrieg ein Bein eingebüßt. Er konnte sich deshalb nicht mehr richtig um sein Grundstück kümmern, weshalb sich dieses nebst einer größeren „Gartenlaube" in einem recht ungepflegten Zustand befand. Unsere Gegenleistung für unbeschwerte Ferien an der Talsperre Malter bestand nun im Rasenmähen (natürlich ohne Krach mit der Sense), Zaun und Holzhaus neu streichen sowie mal „Großreinemachen".

Das Interessanteste für uns fand sich jedoch im kleinen Keller des Hauses, ein völlig verdrecktes Faltboot, wahrscheinlich ein Vorkriegsmodell. Was auch logisch war, denn der nette Kollege war ja schon in den 1930er Jahren Wassersportler und hatte zu jener Zeit diese Datsche erworben. Das Boot sollte für uns das Highlight des Urlaubs werden und ich habe die Paddeltouren auf der Talsperre Malter auch nach 50 Jahren noch in guter Erinnerung. Nach einer Grundreinigung und dem Abölen der Bowdenzüge für das Ruder konnte es losgehen. Schließlich war das Teil kein plumper Gondelkahn, sondern ließ sich mittels Fußpedalen auf den richtigen Kurs bringen. So versuchte ich mich als Rudergänger, mein Vater war für den Bootsantrieb mittels Doppelpaddel zuständig. Da meine Eltern damals noch kein Auto besaßen, leistete das Faltboot auch gute Dienste für die Fahrt zum Bäcker nach Paulsdorf oder zum Einkaufen nach Dipps (ab der Vorsperre musste man natürlich laufen). Durch den eigenen „Fährbetrieb" erschloss sich auch die Paulsdorfer Gastronomie ohne Umwege für uns (es gab dort eine Fischgaststätte mit damals seltenem Speisenangebot).

Mit meinen sieben Lenzen habe ich mich auch befleißigt, in Malter das Schwimmen zu erlernen. Damit hatte ich beim späteren Schwimmunterricht in der Schule schon mal die „Nase vorn" und ich konnte bei meinem Sportlehrer zumindest ein paar Pluspunkte sammeln.

**Der Autor dieser Zeilen im Sommer 1968 im Faltboot auf der Talsperre Malter. Mit dem Doppelpaddel durfte sich der Vater abmühen. Foto: Anneliese Böttger**

**Oje – da ist der Verschluss der Beltica II zu spät aufgezogen worden und der Zug einfach durchs Bild gerutscht. Aber auch die damals eingesetzten Reisezugwagen sind heute schon interessant.**
**Foto: Roland Böttger**

Für die An- und Abreise sowie für Ausflüge in den Rabenauer Grund und nach Dresden nutzten wir natürlich die Weißeritztalbahn. Gerade dadurch blieben diese Ferien ohne „Neuzeitstress" in meinem Gedächtnis haften. Überhaupt befanden wir uns an der Roten Weißeritz im „Tal der völlig Ahnungslosen", nämlich ohne Zeitung, Radio, Fernsehen und Telefon. Erholung pur! Wer würde darauf heute schon freiwillig verzichten wollen? Deshalb konnten wir uns im Sommer 1968 die ständigen Überflüge von Militärhubschraubern in Richtung Erzgebirge nicht so recht erklären. Vielleicht war es wieder mal eine Truppenübung der „Freunde"? Nun, die wahre Ursache, die Niederschlagung des „Prager Frühlings" durch Truppen des Warschauer Paktes, erfuhren wir erst zu Hause. Denn zum Glück konnte man im heimatlichen Karl-Marx-Stadt sogar „Westen hören und gucken". (Um das Informationsdefizit im folgenden Jahr, unserem letzten in Malter, etwas zu reduzieren, hatten wir unserem Urlaubsdomizil extra ein altes Röhrenradio spendiert.)
Auf das Fernsehen konnte man übrigens gut und gerne verzichten, schließlich gab es gleich um die Ecke (in Nähe des Bootsverleihes) ein Strandkino für den schmalen Taler. Gern erinnere ich mich an die dortige Premiere von „Hauptmann Florian von der Mühle" mit Manne Krug und Ebs Cohrs, welche sich als „Straßenfeger" erwies. Scheinbar gab es damals noch keine Anwohner, die sich vom Kinolärm belästigt fühlten.
Auch die Dippoldiswalder Heide gehörte zu unseren Ausflugszielen. Vorbei am Einsiedlerfelsen (hier soll der Namensgeber von Dippoldiswalde – der Einsiedlermönch Dippold – gelebt haben) ging es per pedes bis zur Heidemühle in Karsdorf. Hier hat mich im kindlichen Alter das noch vorhandene historische Wasserrad besonders interessiert. Retour konnte man Fichtenzapfen sammeln, welche uns als Heizmaterial für unser Häuschen an kühlen Sommerabenden dienten.
Unser schönstes Wanderziel blieb aber die Spechtritzmühle, damals eine urige Landgaststätte mit „Nostalgieeffekt". Hier konnte man (dank Preisstufe I) gut und günstig essen gehen. Auch die benachbarte Forellenzuchtstation fand damals mein Interesse. Und das Schöne an diesem Ausflug war, dass man nach dem Gaststättenbesuch mit der Schmalspurbahn gen Malter zurückfahren konnte.

Nun, vielleicht klingt das heute alles sehr banal, schließlich blieben für uns damals die klassischen Urlaubsziele im „sonnigen Süden“ nur Wunschdenken. Ich möchte diese Zeit trotzdem nicht missen, auch haben diese Erlebnisse im kindlichen Alter meine späteren Interessen geprägt.

Ein (West-)verwandter meiner Mutter hatte zu jener Zeit mal mit seinen Ferienerlebnissen geprahlt. Dann die Frage: „Wo ward ihr eigentlich im Urlaub?“ „Na in Malter.“ Darauf die erstaunte Reaktion: „Wie kommt ihr denn dorthin?“ Er hatte „Malta“ verstanden. So unterschiedlich waren eben damals die beiden Deutschlands. Vielleicht hatten wir sogar mehr Luxus, denn wir mussten uns nicht mit Statussymbolen herumschlagen. Bei uns zählte nur die Freude und Erholung im Urlaub!

**Nach der Wanderung zur Spechtritzmühle erfolgte die Rückfahrt per Schmalspurbahn. Hier fährt 99 745 im Sommer 1968 mit ihrem Personenzug in den Hp Spechtritz ein.**
**Foto: Roland Böttger**

**Diese Karte, geschrieben am letzten Urlaubstag, ging am 25.08.1968 auf Reisen.**
**Leider beschädigte die Flut des Jahres 2002 den einst denkmalgeschützten Komplex der Spechtritzmühle so stark, dass er 2008/09 dem Abrissbagger zum Opfer fiel.**
**Slg.: Thomas Böttger (Fotokartenverlag Fritz Hunger Dresden)**

### 4.6 Exkursionen zur Weißeritztalbahn in den 1970er Jahren

*(von Heinz Schwarzer)*

Anfang der 1970er Jahre bin ich häufig entlang der Weißeritztalbahn unterwegs gewesen. Besonders interessierten mich bei diesen Exkursionen die Bahnanlagen der Bimmel und nicht so sehr die reinen Züge. Einen Vorteil für das Fotografieren gab es zudem, wenn nur Bahnanlagen und kein Zug auf´s Foto sollten, denn es gab viel weniger Leute, die mitbekamen, was ich hier machte. Somit sank auch das Risiko, dass mir „dumme" Fragen gestellt oder gar der Film weggenommen werden konnte.

So hatte ich auch immer viel Zeit, um die Details der Stationen zu erkunden und eben einige Fotos anzufertigen. Über mehrere Jahre reiste ich immer wieder an die Bahnstrecke, um möglichst exakt die Anlagen zu erforschen und anschließend Gleispläne zu erstellen. Manches interessante Detail habe ich bei diesen Exkursionen entdeckt. Und ich schaute mir auch genau an, welche Produkte an den jeweiligen Stationen zur Verladung kamen. Aber leider hatte ich damals keine gute Kamera, sodass die Fotos nicht ansatzweise den heutigen Vorstellungen von hochwertigen Bildern entsprechen. Dennoch sind sie für mich wichtig, da sie eine längst vergessene Zeit abbilden und auch nicht wiederholbar sind. Auf den folgenden Seiten sollen einige Auszüge aus meinen Unterlagen diese Touren in Erinnerung zurückholen.

D i p p o l d i s w a l d e

Der Bahnhof Dippoldiswalde war einst bedeutender Güterumschlagplatz, - Kohle kam an - Landwirtschaftl. Erzeugnisse und Vieh wurde abtransportiert.

# O b e r c a r s d o r f

Der Bf Obercarsdorf hatte in den vergangenen Zeiten regen Güterumschlag.

Unterhalb des Bf, hier in Blickrichtung, war ein Sägewerk zu bedienen, welches seine Erzeugnisse vorwiegend auf Rollfahrzeuge verlud.

Auch seitens der landwirtschaftl. Erzeugnisse, war Obercarsdorf ein Verladepunkt.

Die Zugeinfahrten waren bis 1950 durch Formsignale abgesichert.

Heute erinnert nur noch der stehengebliebene Mast daran.

Das Ausweich- und Verladegleis, sowie der Fabrikanschluß, wird kaum noch befahren.

Der auf dieser Strecke vorhandene starke Güterverkehr dient in der Hauptsache dem VEB GISAG Schmiedeberg, welcher neben Gußerzeugnissen Gießereimaschinen herstellt.
Täglich bringen vier Rollwagenzüge die entsprechenden Rohstoffe oder Leerwagen. Ebensoviel Züge fahren die Erzeugnisse von hier ab.
Auf dem Bild eine Teilansicht des Betriebes.

Wenige Meter oberhalb des Werksanschlusses der Haltepunkt Buschmühle.
Vor einigen Jahren war auch hier Güterumschlag und ein Anschlußgleis für einen holzverarbeitenden Betrieb.
Seit 1956 ist Buschmühle nur noch Haltepunkt.

## 4.7 Die „Pumphosenbrücke“ von Freital-Hainsberg

*(von Heinz Schwarzer)*

Ein weiterer Ausflug führte mich in dieser Zeit nach Hainsberg, denn ein besonderes Highlight stellte damals die im Volksmund als „Pumphosenbrücke“ bezeichnete Konstruktion dar. Diese befand sich direkt hinter der Bahnhofsausfahrt. Unten führten die Gleise der Schmalspurbahn sowie der kreuzenden Freitaler Güterstraßenbahn entlang. Oben fuhren die normalspurigen Züge von Dresden nach Tharandt, Freiberg und weiter Richtung Chemnitz.

Der Name der Brücke bezog sich auf die ungewöhnliche Konstruktion der Mittelstütze, die an eine Pumphose erinnerte. Nach der Jahrhundertflut musste die markante Brücke weichen. Ein Betonneubau trat an ihre Stelle. Doch die Stütze blieb erhalten und ist noch heute fast am originalen Standort in Freital-Hainsberg zu besichtigen, nur etwas seitlicher, da sie keine Aufgabe mehr zu erfüllen hat. Und noch etwas fehlt heutzutage in Freital: Die Güterstraßenbahn! Von ihr sind in Freital leider keine Relikte mehr zu finden…

**Blick von der Ausfahrt in Freital-Hainsberg auf die Pumphosenbrücke.**
**Foto: Heinz Schwarzer**

**Auch heute noch kann die alte Stütze vorgefunden werden.**
**Foto: Stefan Müller**

## 4.8 Mit dem Skoda S 105 zur Fototour ins Weißeritztal

*(von Steffen Schwarzer)*

Anfang der 1980er Jahre: Ich besaß damals schon einen Skoda S 105, mit dem ich am Wochenende häufig zu Fotoausflügen zur Weißeritztalbahn gefahren bin. Oft hatte ich bei diesen Fototouren auch Begleiter, meist meinen Vater Heinz, manchmal aber auch Arbeitskollegen, denn ich arbeitete damals schon bei der Deutschen Reichsbahn und fast alle von uns interessierten sich nicht nur für die „großen Loks“ in unserem Bahnbetriebswerk in Dresden-Friedrichstadt, sondern auch für die Schmalspurbahnen in der Region.
An besondere Begebenheiten bei diesen Fahrten kann ich mich leider nicht mehr erinnern, wahrscheinlich gab es auch gar keine. Für uns war es damals schließlich Alltag, dass Personen- und Güterzüge die Strecke befuhren. Genauso, dass diese Züge dampflokbespannt waren, was auf der Normalspur damals natürlich eine absolute Ausnahme gewesen ist. Aber bei den Schmalspurbahnen um Dresden gab es nur die Dampftraktion. Interessant fand ich damals zumindest die Brücke in Malter mit ihrer „Holzwand“. Diese Konstruktion sollte dafür sorgen, dass auf Rollwagen stehende leere und damit leichte Normalspurgüterwagen bei Sturm nicht von der Bormannsgrundbrücke in die Talsperre Malter geweht werden. Heutzutage gibt es diesen Windschutz natürlich nicht mehr. Die Personenzüge sind so schwer, dass ein Umwehen nicht droht.
Meine Bilder habe ich damals alle selbst entwickelt. Wo sie sich heute befinden, weiß ich leider nicht. Aber zum Glück habe ich alle Negative aufgehoben!

**99 1776-6 erreicht im September 1983 in Kürze den Bahnhof von Obercarsdorf. Foto: Steffen Schwarzer**

Am 13. März 1982 war ich wieder einmal zum Fotografieren bei der Weißeritztalbahn. Zunächst traf ich in Dippoldiswalde auf die 99 1787-3, die gerade Rangierarbeiten ausführte. Später kam mir 99 1794-9 mit einem Personenzug nach Freital-Hainsberg im Bahnhof Seifersdorf entgegen. Fotos: Steffen Schwarzer

Die 100-Jahr-Feier im September 1983 begleitete ich auch wieder mit meinem Skoda. Dabei entstanden u. a. diese zwei Fotos vor Obercarsdorf...

...und oberhalb von Buschmühle.

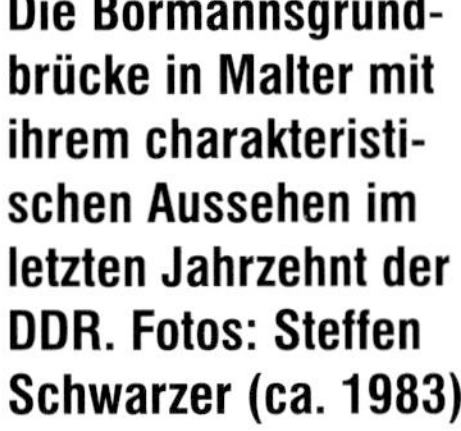

Die Bormannsgrundbrücke in Malter mit ihrem charakteristischen Aussehen im letzten Jahrzehnt der DDR. Fotos: Steffen Schwarzer (ca. 1983)

**Im September 1988 fotografierte Steffen Schwarzer 99 747 sowie 99 1790-7 im Bahnhof Kipsdorf. Das Besondere an diesen Fotos ist, dass sie einen Zug mit Zug- und Schlusslokomotive zeigen. Gewöhnlich wird, wenn zwei Lokomotiven am Zug hängen, mit Vorspannmaschine gefahren.**

## 4.9 100 Jahre Weißeritztalbahn

*(von Günter Börner)*

September 1983: Das 100-jährige Bestehen der (kompletten) Weißeritztalbahn sollte zünftig gefeiert werden. Dazu verkehrten eine Woche lang verschiedene Sonderzüge. Die grüne IV K 132 bespannte den Radebeuler Traditionszug. Ein zweiter Sonderzug war mit den Lokomotiven 99 734 und 99 713 im Einsatz. Tausende Menschen feierten dieses Jubiläum, fuhren mit den Sonderzügen oder begleiteten diese mit ihren Fotoapparaten auf fahrbaren Untersätzen. Es kam einem vor, als würde alles rollen, was halbwegs fahrtauglich war.

Ich selbst schaute mir das Spektakel von außen an und fotografierte fleißig. Zunächst zog es mich nach Freital-Hainsberg, wo die Loks für die Sonderfahrten vorbereitet wurden. Zudem knipste ich auch in Seifersdorf, Dippoldiswalde und natürlich in Kipsdorf. Aber am besten gefiel mir die Fahrt des Traditionszuges über den Schmiedeberger Viadukt. Und nicht nur mir, hier standen Dutzende Fotografen auf engstem Raum. Ganz viele Eisenbahnfreunde wollten genau dieses Motiv auf Film bannen. Aber damals achtete man noch darauf, seinen „Artgenossen" nicht im Weg rumzustehen und so lief alles ganz friedlich ab und jeder hatte „seinen Schnappschuss im Kasten".

Insgesamt war es eine sehr würdige 100-Jahr-Feier, die mir noch heute in Erinnerung ist. Das Wetter passte auch, was wollte man mehr?! Zudem war das Fotografieren ohne Einschränkungen möglich. Nur ein bisschen Glück war nötig, um rechtzeitig von der einen zur nächsten Fotostelle zu gelangen. Ich hatte meistens Glück, sodass einige schöne Aufnahmen entstanden sind.

**Der Traditionszug verlässt mit Volldampf und voll besetzt den Bahnhof Seifersdorf...**
**Foto: Günter Börner**

...und erreicht wenig später den Bahnhof Dippoldiswalde, wo es zunächst einen Wasserhalt gibt.

In Schmiedeberg wird der Sonderzug wenig später schon von zahlreichen Fotografen erwartet.
Fotos: Günter Börner

Zum großen Jubiläum im Jahr 1983 wurde dieser Holzteller mit 99 1788 und dem Salonwagen produziert. Heute zu sehen in der Ausstellung im Bahnhof Kurort Kipsdorf.
Foto: Thomas Böttger

99 713 wird in Freital-Hainsberg für den nächsten Sonderzug vorbereitet.

VI K 99 713 und „VII K“ 99 734 erreichen mit ihrem Zug den Bahnhof Dippoldiswalde.

Hier wird direkt am Wasserkran gehalten, um die Betriebsstoffe wieder aufzufüllen. Nach der kurzen Pause setzt der Sonderzug seine Fahrt fort.
Fotos: Günter Börner

**Fahrplan des Traditionszuges**

anläßlich des Streckenjubiläums

„100 Jahre Schmalspurbahn Freital-Hainsberg—Kurort Kipsdorf"

| Hinfahrt | | | Betriebsstellen | | Rückfahrt | | |
|---|---|---|---|---|---|---|---|
| an | ab | Bem. | km | Name (Höhe üb. NN) | an | ab | Bem. |
| | 10.15 | | 0,0 | Freital-Hainsberg (183 m) | 16.44 | | |
| | I | | 1,6 | Freital-Coßmannsdorf | 16.39 | 16.39 | |
| 10.31 | 11.07 | = F | 5,3 | Rabenau (250 m) | 16.27 | 16.27 | X |
| 11.14 | 11.15 | B | 6,9 | Spechtritz (274 m) | I | | |
| 11.20 | 11.25 | = F | 8,8 | Seifersdorf | I | | |
| 11.34 | 11.39 | F | 10,9 | Malter (335 m) | I | | |
| 11.52 | 12.18 | U X F W | 15,0 | Dippoldiswalde (343 m) | 15.53 | 15.55 | |
| 12.33 | 12.38 | F | 19,0 | Obercarsdorf (390 m) | 15.27 | 15.38 | F |
| 12.49 | 12.54 | F | 22,2 | Schmiedeberg (Bz Dre) (445 m) | I | | |
| 12.58 | 12.59 | B | 23,5 | Buschmühle | I | | |
| 13.15 | | | 26,3 | Kurort Kipsdorf (534 m) | | 14.55 | |

F — Fotohalt
W — Wassernehmen der Lokomotive
X — Zugkreuzung
B — Betriebshalt, nicht aussteigen!
U — Umsetzen des Zuges
= — Zugüberholung

Fahrplanänderungen und Abweichungen von der vorgesehenen Fahrzeuggestellung aus betrieblichen Gründen vorbehalten!

Wir möchten Sie auch auf die Möglichkeit eines Besuchs der Fahrzeug- und Sachzeugen-Ausstellung im Bahnhof Freital-Hainsberg sowie die eigenständigen Ausstellungen in Dippoldiswalde (Modelleisenbahnausstellung im Kulturhaus), Kurort Kipsdorf (Heimatgeschichte) und Rabenau (Haus der Heimat) hinweisen.

---

Herausgeber: Deutsche Reichsbahn, Festkomitee „100 Jahre Schmalspurbahn Freital-Hainsberg—Kurort Kipsdorf"
Redaktion und Text: Dipl.-Ing. Peter Schulz (DMV)
Foto: Traditionszug mit Lokomotive 99 539 (als sä. 132) anläßlich der Veranstaltung „100 Jahre sächsische Schmalspurbahnen" in Radebeul Ost (1981) (Foto: P. Schulz)
Druck: Polydruck Freital III-9-122 Je 64/83

Dieser Handzettel ist für die Benutzer des Traditionszuges anläßlich des Streckenjubiläums gedacht.

**Ebenfalls ein historisches Dokument von der 100-Jahr-Feier im September 1983 – Der Fahrplan des Traditionszuges. Sammlung: Thomas Böttger**

## 4.10 (K)Eine Bahnpostbeförderung zum 100-jährigen Jubiläum

*(von Thomas Böttger)*

Die 1983 zum 100-jährigen Jubiläum der Weißeritztalbahn verkauften Jubiläumsbriefe sind entgegen des „Transportbestätigungs"-Stempels nicht mit dem Traditionszug befördert worden. Ursache dafür war, dass dieser Zug mit IK V Nr. 132 (99 539) aufgrund des Streckenprofils den „Bahnpostwagen" (bereitgestellt war ein vierachsiger Rekopackwagen mit Posthörnern) nicht mitnehmen konnte. Deshalb wurde er dem Regelzug 142263/72 (99 1776 + 9 Personen- und 1 Packwagen) beigestellt. Während der Fahrt mussten dann etwa 2.000 Briefe mit den beiden Stempeln versehen werden.

Zudem scheint der Grafiker kein großer Kenner der Bahnstrecke gewesen zu sein, denn im oberen Streckenteil hat er die Stationen Naundorf und Schmiedeberg in der Streckenkarte vertauscht. Ein schönes Erinnerungsstück ist der Jubiläumsbrief dennoch.

Übrigens gab es schon ein Jahr zuvor eine Sonderpostkarte anlässlich der einhundertsten Wiederkehr der Streckeneröffnung bis Schmiedeberg. Eine Abstemplung erfolgte hier stationär im Postamt Dippoldiswalde.

**Jubiläumskarte zum Streckenjubiläum bis Schmiedeberg. Slg.: Thomas Böttger**

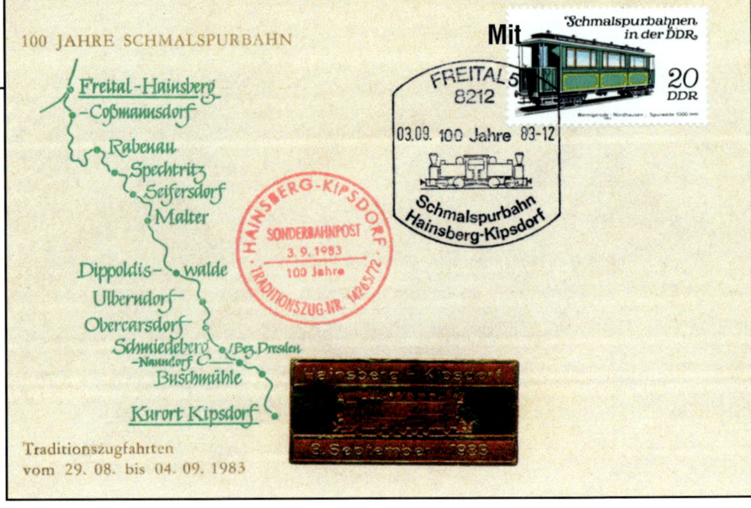


**Jubiläumsbrief zum 100-jährigen Streckenjubiläum. Interessanterweise zeigt der Ortsstempel eine Lok der sächs. Gattung II K. Slg.: Thomas Böttger**

### 4.11 Mit dem Gepäckwagen bis ins Empfangsgebäude

*(von Günter Börner)*

Mit Interesse verfolgte ich immer wieder, was sich nach der Ankunft eines Zuges im Bahnhof Kurort Kipsdorf ereignete: Nachdem die Fahrgäste aus dem ankommenden Zug ausgestiegen waren, kuppelte die Lokomotive an den Gepäckwagen an und schob diesen bis in das Empfangsgebäude. Denn in diesem befand sich ein Lastenfahrstuhl, sodass z. B. die vielen hier ankommenden Urlaubsgäste nicht ihre schweren Koffer durch das Bahnhofsgebäude nach oben tragen mussten, sondern ihr Gepäck erst in der oberen Ebene vom Bahnpersonal in Empfang nahmen. Genauso konnte jeder andere Fahrgast sein unterwegs aufgegebenes Gepäck ganz einfach im Obergeschoss abholen und musste es nicht die Treppen hinauftragen. Ein toller Service der Deutschen Reichsbahn und heutzutage unvorstellbar!

Um diese technische Möglichkeit zu nutzen, führte ein Gleis bis in das Gebäude hinein. Ein Rolltor wurde geöffnet, sobald ein Gepäckwagen ins Gebäude geschoben werden sollte und wieder geschlossen, wenn der Entlade- bzw. auch Verladeprozess abgeschlossen war. Und auch das Bahnpersonal hatte sein Gutes davon, schließlich konnten sie ihre Arbeit immer im Trockenen verrichten, egal wie das Wetter draußen auch war.

So modern war damals unsere Schmalspurbahn! Schade, dass heutzutage nur noch wenige Feriengäste per Zug anreisen. Aber wer will es ihnen auch verdenken, denn diesen tollen Service gibt´s nicht mehr und es fahren ja leider auch nur noch zwei Züge am Tag bis hinauf nach Kipsdorf...

**Auf dieser Aufnahme ist gut erkenntlich, wie das Gleis ins Empfangsgebäude führt. Allerdings handelt es sich hinter dem Aussichtswagen um den Salonwagen 970-445 und nicht um einen Gepäckwagen. (21.04.1984) Foto: Dirk Steckel**

## 4.12 Mit IV K-Doppelpack in den Einheitsherbst

*(von Thomas Böttger)*

Oktober 1990: Nach der Gesamtstilllegung der ehemals von Wolkenstein bis Jöhstadt führenden Preßnitztalbahn im November 1986 (bis zuletzt fuhren zwischen Wolkenstein und Niederschmiedeberg noch Güterzüge) gelangten von dieser Strecke auch zwei sächsische (Reko-) IV K vor die Tore von Dresden. Zum einen war dies die 99 1561-2, welche am 30.09.1984 den letzten Personenzug auf der als Kursbuchstrecke 422 bezeichneten Preßnitztalbahn gefahren hat. Ab 1987 war sie für den Traditionsverkehr in Radebeul Ost vorgesehen. Die andere ehemals Jöhstädter Lok, die 99 1606-5, fand in Freital-Hainsberg eine neue Heimat. Da es in den späten 1980er Jahren des Öfteren auch Ausfälle der in die Jahre gekommenen Neubauloks gab, konnte man diese beiden „Sächsinnen" gelegentlich sogar im Plandienst auf den Strecken nach Radeburg bzw. Kurort Kipsdorf erleben.

**Fotohalt des VSE-Sonderzuges mit 99 1561-2 am Hp Spechtritz. Noch waren die beiden Hochbauten Wartehalle und Beamtenwohnhaus erhalten. Für die Bewohner des letzteren gab es sogar rechts eine Leine zum Wäschetrocknen. Foto: Thomas Böttger**

**Ganz besonders interessant war das „abenteuerliche“ und personalintensive Wassernehmen von 99 1561-2 mittels Söffelpumpe vor dem Bahnhof Seifersdorf. Foto: Thomas Böttger**

Nachdem der im März 1990 gegründete Verein Sächsischer Eisenbahnfreunde e. V. (VSE) bereits im April 1990 eine Sonderfahrt mit 99 1606-5 nach Kurort Kipsdorf auf die Beine stellen konnte, nutzte man drei Tage nach der deutschen Einheit die Gunst der Stunde. Denn am 06.10.1990 waren gleich beide IV K auf der Weißeritztalbahn im Sondereinsatz zu erleben. Schließlich haben wir schon immer gesagt: „Für Westgeld gibt es alles!“ Um die damalige Euphorie unter den Beteiligten zu verdeutlichen, schwenken wir kurz zurück: Da zur DDR-Zeit die Gründung von eigenständig tätigen Vereinen nicht möglich war, war der Deutsche Modelleisenbahnverband der DDR (DMV) der „Monopolist“ für Sonderzugfahrten. So durften nur die jeweiligen Bezirksvorstände (BV) Sonderfahrten für Eisenbahnfans organisieren. Dies geschah in der Regel zum „Tag des Eisenbahners und der Werktätigen des Verkehrswesens“

oder zu runden Streckenjubiläen. Natürlich soll die Arbeit der damals hier organisierten Eisenbahnfreunde nicht abgewertet werden, aber Eigeninitiative war eben nicht gefragt. Erst als in der DDR das Gesetz über Vereinigungen am 21. Februar 1990 in Kraft trat, gab es völlig neue Möglichkeiten in der Hobbytätigkeit. Dem VSE, hervorgegangen aus einer Arbeitsgruppe des Verkehrsmuseums Dresden, kam in dieser Richtung eine Vorreiterrolle zu. Bereits am 14.10.1989 konnte ohne „DMV-Segen" eine erste Sonderfahrt auf der Flöhatalbahn mit 86 1049 durchgeführt werden. Damals noch eine „Beruhigungspille" für das aufgebrachte (Eisenbahn-) Volk in der Zeit der „friedlichen Revolution", konnte man nun ohne zentralistisches Gefüge frei agieren und Erfahrungen mit Dampfsonderfahrten sammeln.
Ja, wir waren nun endlich soweit, die DDR war seit vorvorgestern Geschichte und jetzt galt auch hier: „Wenn das Geld im Kasten klingt, die Seele in die Eisenbahn springt."
Dazu muss man wissen: Es gab sie noch im Herbst 1990, die alten Strukturen der Deutschen Reichsbahn mit ihren engagierten und hilfsbereiten Eisenbahnern. Auch die Preise für solche Aktionen hielten sich in bezahlbaren Grenzen. So standen also an jenem trüben Herbsttag des 6. Oktober 1990 jeweils eine Altbaugarnitur mit 99 1561-2 und 99 1606-5 in Freital-Hainsberg für das fotografierende Publikum bereit. Ein besonderes Schmankerl war damals die Mitführung von Schmalspurgüterwagen, denn seit langem waren diese hier im Tal der Roten Weißeritz durch Normalspurwagen auf Rollfahrzeugen ersetzt worden. Wenn auch an diesem Herbstmorgen die Sonne nur schüchtern durch die Wolken lugte, so brachten die ersten Fotohalte in Rabenau und Spechtritz auf den neu verfügbaren AGFA-Diafilmen recht gute Ergebnisse.
Ein Highlight für alle Fotografen war allerdings das Wassernehmen in Seifersdorf. Da man hier vergeblich nach einem Wasserkran sucht, musste unsere 99 1561-2 mittels Tauchpumpe und C-Schlauch auf der Brücke direkt mit Weißeritzwasser „betankt" werden. Den Aufenthalt nutzte ich damals auch, um in den zweiten Flügelzug, gezogen von 99 1606-5, umzusteigen. Denn hinter Seifersdorf und an der Talsperre Malter hatte der Veranstalter noch drei Scheinanfahrten für die Fotografen organisiert.
Heute haben diese Bilder schon Seltenheitswert, denn bekanntlich wurde diese IV K als „099 712-2" im Februar 1994 außer Betrieb genommen. Nach einem Schattendasein (im Freien!) im DB Museum Nürnberg kam sie 2005 auf einem Straßentieflader zurück in die sächsische Heimat und sollte hier, nach einer Zwischenstation in Carlsfeld, einen würdigen Platz im SSB Schmalspurmuseum Radebeul finden.
Doch zurück in den Herbst 1990: In Dippoldiswalde wurden beide Züge schließlich vereinigt und nach Kreuzung mit dem Regelverkehr ging es weiter gen Kurort Kipsdorf. Auf der Rückfahrt war in Obercarsdorf noch eine umfangreiche Fotoaktion vorgesehen. Jetzt rissen sogar die Wolken auf und die Bilder konnten bei bestem Fotolicht auf den Diafilm gebannt werden. Hier erfolgte die Trennung des Sonderzuges und so präsentierte sich dann auch ein reiner Schmalspurgüterzug mit „Packmeister" den Teilnehmern.
Auf der Rückfahrt nach Hause, damals noch mit Trabant 601, wirkten die Eindrücke des Tages noch lange nach. Wir waren wirklich in einer neuen Welt angekommen …

Hier ist der zweite VSE-Sonderzug hinter Seifersdorf zu sehen. Gezogen wird er von 99 1606-5 Links unten im Talgrund verlief bis zum Bau der Talsperre Malter die alte Streckenführung.

Mit vereinten Kräften zogen 99 1561-2 und 99 1606-5 nachmittags den gemischten Sonderzug zurück nach Freital-Hainsberg. Hier kurz vor Dippoldiswalde kam sogar die Sonne heraus. Fotos: Thomas Böttger

## 4.13 Landwitz und der VEB Rote Mütze – Go Trabi Go 2
*(von Thomas Böttger)*

Ausgerechnet in einer Zeit, als viele Ostdeutsche ihren Trabant auf den Schrottplatz fuhren, produzierte die Bavaria-Film GmbH in München 1991 die Filmkomödie „Go Trabi go – Die Sachsen kommen". Die Hauptrolle bekam der damals noch relativ unbekannte Dresdner Kabarettist Wolfgang Stumph als Udo Struutz.
Der Film handelt von der Reise einer Bitterfelder Familie nach Neapel mit dem himmelblauen Trabant „Schorsch", mit dem sie auf den Spuren von Goethe unterwegs sind. In Bezug auf den Filmtitel irrten sich die Filmemacher ein wenig, denn Bitterfeld liegt bekanntlich in Sachsen-Anhalt. Aber der Ort hatte wegen seiner extremen Umweltverschmutzung Bekanntheitsgrad. So heißt es schließlich: „Sehn wir uns nicht in dieser Welt, so sehn wir uns in Bitterfeld!"
Bei der Fahrt von „Schorsch" über eine Treppe in Rom kommen die vorderen Duroplast-Beplankungsteile abhanden. Die hilfsbereiten Italiener ergänzen diese auf einem Schrottplatz mit Teilen von westlichen Herstellern (Renault und Opel). Bei einem Foto mit dem Vesuv im Hintergrund rollt „Schorsch" schließlich eine Klippe herunter und verliert sein Dach. Zurück nach Deutschland geht die Fahrt deshalb mit einem Cabrio.
Für diese Produktion wurden 13 Trabis benötigt. In einer Szene mit seitlicher Fahrt auf zwei Rädern war sogar ein Trabant 1.1 mit VW-Viertaktmotor (30 kW) im Einsatz, weil dieser aufgrund der größeren Motorleistung über eine höhere Beschleunigung verfügte. Bei der „Pension Sachsenruh" handelt es sich um ein Müller-Autodachzelt, welches die Sattlerei Gerhard Müller in Limbach-Oberfrohna von 1979 bis 1990 in Kleinserie produzierte. Es war natürlich ein Film-Gag, dass dieses Teil in einen überdimensionalen Hut passte.
Aufgrund des Erfolges in Ost und West gab es ein Jahr später mit „Go Trabi Go 2 – Das war der wilde Osten" eine Fortsetzung. Nach der Rückkehr aus dem Italien-Urlaub erfährt Familie Struutz, dass ihre alte Siedlung in Bitterfeld vom US-Investor William Buck planiert und zum modernen Golfplatz umgebaut werden soll. Deshalb sucht man einen Neuanfang in der sächsischen Landeshauptstadt Dresden. Dabei kommt die Nachricht von der Erbschaft einer Gartenzwergfabrik, dem reprivatisierten volkseigenen Betrieb „Rote Mütze" in Landwitz, wie gerufen.
Gedreht hat man diese Komödie an vielen Originalschauplätzen rund um Dresden. Um sächsisches „Hinterwäldlerflair" darzustellen, erhielt der Bahnhof Rabenau kurzerhand den Stationsnamen Landwitz. Zu sehen ist auch ein dampflokbespannter Zug der Weißeritztalbahn. Die nach DB-Schema in 099 726-2 umnummerierte 99 1746-9 der Deutschen Reichsbahn kommt dabei zu Filmehren. Natürlich verlässt an diesem unbedeutenden Ort nur eine einzige ältere Frau den Zug. Ein hier vorhandenes Werbeplakat weist auf ein „Luftschwimmbad" hin. Vielleicht eine Hommage auf das „Bilz-Luftbad" im Radebeuler Lößnitzgrund? Beim Halt am Bahnübergang begegnet der „Kanarienvogel-Trabi" (gelbe R4-Haube – dunkelblaue Kadett-Kotflügel – Ferrari-Logo) einem Robur-Garant Pritsche aus den 1950er Jahren. Nur so konnte es also auf dem sächsischen Land aussehen?!
Zurück zum Film: An dem Grundstück der Gartenzwergfabrik ist auch der Landwitzer Bürger-

meister Kuhn interessiert, weil er ein Autobahnprojekt plant. Er möchte die Fabrik für die symbolische (Treuhand-) 1 DM kaufen oder enteignen, wenn Familie Struutz nicht eine Million Mark für Investitionen auftreibt. Schließlich reist Udo Struutz nach New York und zerschlägt bei einem Wutausbruch vor den Augen von Investor William Buck einen Gartenzwerg. Dieser tut es ihm gleich und ist von der entspannenden Wirkung begeistert, wodurch die „Rote Mütze" einen Millionenauftrag aus den USA erhält und somit gerettet ist.

Dieser ganze Klamauk ist inzwischen, ebenso wie der Trabi, Kult, denn es war einer der ersten Filme über die Wendezeit. Und auf besonders humorvolle Weise werden die Eigenheiten von „Ossis" und „Wessis" nach der deutschen Einheit auf die Schippe genommen.

Schließlich können die Sachsen auch ein bisschen stolz sein, nämlich auf ihre täglich unter Dampf stehenden Schmalspurbahnen und ihre historisch gewachsenen Traditionen im Fahrzeugbau.

**Szenenfotos aus „Go Trabi Go 2": 099 726-2 fährt aus dem Bahnhof „Landwitz" aus. Nach Durchfahrt des Zuges rollt „Schorsch" mit Udo Struutz (Wolfgang Stumpf) und Rita Struutz (Marie Gruber) weiter zum VEB Rote Mütze. Die bekannte Schauspielerin verstarb leider im Februar 2018.**
**© Bavaria Media GmbH**

## 4.14 Letzter Güterzug auf der Weißeritztalbahn
*(von Armin Bellmann)*

30. Dezember 1994: Morgen wird offiziell der bisher noch verbliebene Güterverkehr auf der Weißeritztalbahn eingestellt und das, obwohl es auch weiterhin Bedarf für Güterzüge gäbe. Denn noch immer führt die Schmalspurbahn Transporte für einen Schrotthandel in Schmiedeberg-Naundorf und für Kohlehändler in Dippoldiswalde und Schmiedeberg mit aufgerollten Normalspurgüterwagen durch. Doch es kann nicht sein, was nicht sein darf und deshalb muss der Güterverkehr eingestellt werden. So sieht es die Unternehmenspolitik der DB AG vor! Schließlich besteht dort kein wirkliches Interesse am Einzelwagenverkehr, schon gar nicht bei einer Schmalspurbahn, wo zusätzliche Kosten durch das Aufrollen der Wagen entstehen. Der Güterverkehr muss weg und am besten gleich noch die gesamte Weißeritztalbahn, so könnte man die Einstellung der DB AG beschreiben.
Bereits am heutigen Tag, also 24 Stunden vor der offiziellen Einstellung, verkehrt der letzte planmäßige Güterzug von Freital-Hainsberg nach Schmiedeberg. Die Zuglok, 099 747-8, ist mit einem Kranz geschmückt, der an eine Beerdigung erinnert. Passend zum Anlass des Tages regnet es. Trotz des ungemütlichen und gar nicht winterlichen Wetters sind viele Eisenbahnfreunde in das Weißeritztal gekommen, um sich diese letzte Güterzugfahrt anzusehen und Erinnerungsfotos anzufertigen. Nicht nur beim Wassernehmen in Dippoldiswalde wird fleißig fotografiert, schließlich wird das, was bis heute die Normalität war, ab morgen nicht mehr zu erleben sein. Arbeitszüge wird es noch geben, vielleicht auch mal einen Fotogüterzug, aber eben keinen planmäßigen Güterverkehr mehr, bei dem es wirklich zu einem Transport von Gütern zu einem Kunden kommt!

**Das letzte Wassernehmen eines planmäßigen Güterzuges in Dippoldiswalde.**
**Foto: Armin Bellmann**

**Ein Blick zurück: Zehn Jahre zuvor waren Güterzüge noch alltäglich im Weißeritztal und niemand sprach davon, diese von jetzt auf gleich abzuschaffen. Hier sehen wir zwei für die 80er Jahre typische Szenen: Oben die Durchfahrt eines Güterzuges in Spechtritz und unten Rangierarbeiten in Obercarsdorf. Fotos: Dirk Steckel**

## 4.15 Mit dem Nikolauszug nach Kurort Kipsdorf

Dezember 1998: Seit August 1998 besuche ich die 3. Klasse der Grundschule Schlottwitz. Wie jedes Jahr soll auch dieser Nikolaustag etwas ganz Besonderes für uns „Kleinen“ werden. Unsere Klassenlehrerin sowie die Elternvertreter organisieren deshalb eine Fahrt mit dem Nikolauszug auf der Weißeritztalbahn. Als ich davon höre bin ich natürlich begeistert, denn schon damals interessiere ich mich sehr für die Eisenbahn.
Der Ausflug rückt immer näher und die Vorfreude steigt von Tag zu Tag. Und dann ist es soweit, wir fahren mit dem Nikolauszug nach Kipsdorf. Auf dem Bahnhof in Freital-Hainsberg schauen wir uns alles genau an. Als der „Nikolauszug“ bereitgestellt wird, steigen wir in den für unsere Klasse reservierten Wagen ein. Ich freue mich sehr und hoffe natürlich, dass der Nikolaus auch mir etwas mitbringen wird. Als er endlich kommt, muss ich erst einmal ein Gedicht aufsagen, bevor er seinen Sack öffnet und mir ein großes Geschenk überreicht. Was kann das nur sein? Schnell wird es ausgepackt und ein Plüschelefant kommt zum Vorschein. Es ist ein ganz besonderer Elefant, nämlich Babar, der Held eines Kinderbuches, das ich sehr mag. Ich bin begeistert!
In Kipsdorf dann die nächste Überraschung. Auf dem Bahnhof wartet mein Onkel Alois, der aus Altenberg gekommen ist. Sofort zeige ich ihm meinen neuen Begleiter! Wir reden ein bisschen, wobei ich auch fasziniert dem Wassernehmen der Lok zuschaue. Und nach kurzem Aufenthalt heißt es schon wieder Abschied nehmen von Kipsdorf und von Onkel Alois.
Die Rückfahrt vergeht wie im Fluge. Als es dunkel wird, steige ich fröhlich aus dem Zug aus. Es war ein toller und ereignisreicher Tag, den ich bestimmt nicht vergessen werde!

**Auch 2017 war der Nikolaussonderzug der IGW ein Highlight für die kleinen Fahrgäste. Foto: Jörg Müller**

## 4.16 Mit Oma und Opa unterwegs auf der Weißeritztalbahn

Ostern 1999: Endlich sind Ferien. Und ich kann wieder für einige Tage zu Oma und Opa nach Altenberg fahren. Als Ferienausflug wünsche ich mir eine Fahrt mit der Weißeritztalbahn, da ich meinen neuen, zu Weihnachten geschenkt bekommenen, Fotoapparat testen möchte.
Natürlich unternehmen wir diesen Ausflug. Unser Auto stellen wir in Kipsdorf am Bahnhof ab. Gleich nach Erreichen des Bahnsteiges werden die ersten Fotos geschossen. Mit meinen elf Jahren ist noch nicht bei jedem Foto die Lok komplett drauf, aber manchmal klappt es schon recht gut. Und bekanntlich macht Übung ja den Meister... Opa gibt mir viele nützliche Tipps, denn er ist ein „alter Hase" im Bereich der Eisenbahnfotografie.
Während der Fahrt öffne ich immer wieder das Fenster und schaue hinaus. Ab und zu gehen wir auch auf die Plattform, um uns so richtig den Wind um die Ohren wehen zu lassen. Ist das ein toller Ausflug!
In Dippoldiswalde fotografiere ich bei der Einfahrt in den Bahnhof den Gegenzug. Gar nicht so leicht, schließlich muss ich versuchen, die Kamera irgendwie ruhig zu halten. Und das Ergebnis passt, denn die Lok ist komplett drauf – so soll es sein! Während der Gegenzug nach Kipsdorf hier Wasser nimmt, reichen unsere Vorräte für die gesamte Fahrt bis Hainsberg, sodass wir kurze Zeit später wieder abfahren.
In Freital-Hainsberg knipse ich bei unserer Einfahrt die am Lokschuppen stehende Reservelok. Verwunderlich ist für mich, dass einige Loks als Baureihe 99, andere als 099 ausgeschildert sind. Aber Opa weiß Bescheid und erklärt es mir in Ruhe. So richtig verstehe ich es aber zu dieser Zeit noch nicht, dass mit der „0" gleich die ganze Nummer eine Änderung erfährt. Auch andere Eisenbahnfreunde können sich damit nicht identifizieren, da das System wenig durchdacht ist. Doch zum Glück verschwinden die 099er Nummern nach wenigen Jahren wieder von den Loks.
Auf der Rückfahrt werden noch einige weitere Fotos „geschossen". Ich bin schon ganz gespannt, wie die Bilder wohl auf Papier aussehen werden. Doch bis der Film entwickelt ist, muss ich noch einige Zeit warten – kein Vergleich zur heutigen Digitalfotografie.

**Bereit zur Abfahrt: 099 741-1 im Bahnhof Kurort Kipsdorf. Nach diesem Bild wird eingestiegen, schließlich wollen wir selbst auch mit. Foto: Stefan Müller**

Am Nachmittag erreichen wir wieder Altenberg und der schönste Ferientag geht langsam zu Ende!

**Bei der Einfahrt in Dippoldiswalde begegnen wir der schon wieder mit alter Nummer verkehrenden 99 1762-5, die gerade Wasser nimmt. Im Vordergrund liegen ausgebaute Gleise und Weichen.**

**099 725-4 restauriert vor dem Lokschuppen in Freital-Hainsberg. Auch einige Wagen sind hier abgestellt. Fotos: Stefan Müller**

## 4.17 Das Ende der Potschappel-Hainsberger-Verbindungsbahn

3. Dezember 2002: Heute endet ein ganz spezielles Kapitel in der Geschichte der Weißeritztalbahn: Die Potschappel-Hainsberger-Verbindungsbahn, kurz PHV genannt, wird letztmalig mit einer Lok befahren.
Ursprünglich, das heißt die ersten Jahrzehnte nach der Inbetriebnahme am 10. September 1913, diente das Gleis hauptsächlich Überführungsfahrten zwischen der Schmalspurbahn Freital-Potschappel - Nossen und unserer Strecke. Dafür wurde in eines der normalspurigen Gütergleise der Dresden-Werdau-Linie eine dritte Schiene mit der Spurweite 750 mm eingebaut. Auf der Verbindungsbahn durfte sich stets nur ein Zug, egal welcher Spurweite, befinden. Die Fahrdienstleiter in Potschappel und Hainsberg mussten sich die Züge persönlich anbieten und abmelden, einen Streckenblock gab es nicht.
Planmäßig erfolgte über das schmalspurige Gleis zudem der Austausch von Stückgutladungen der beiden anliegenden Strecken. Bei besonders hohem Verkehrsaufkommen auf der Weißeritztalbahn, wie an Feiertagen und während der Wintersportsaison, konnte teilweise beobachtet werden, dass Verstärkerzüge in Potschappel zusammengestellt, dann nach Hainsberg befördert und von dort nach einem Halt zum Zusteigen der Fahrgäste in Richtung Kipsdorf gefahren wurden.
Nach der 1972 realisierten Stilllegung der Schmalspurbahn nach Nossen diente die schmalspurige Strecke bis zuletzt den Überführungsfahrten zur Wagenausbesserungsstelle (WAS) in Potschappel. Aber auch Sonderfahrten mit Reisezügen konnten hier beobachtet werden, die

**99 1731 erreicht am 15. Januar 1975 den Bahnhof Freital-Potschappel.**
**Foto: W. Scholz / Sammlung: Matthias Hengst**

ersten bereits in den 1960er Jahren, weitere folgten im März 1996, im September 2001 sowie anlässlich des Dresdner Dampflokfestes im Mai 2002. Die letzten öffentlichen Fahrten fanden kurz nach der Jahrhundertflut im September 2002 statt.
Doch jetzt ist Schluss mit diesen Fahrten, denn im Zuge des Ausbaus der Hauptbahn Dresden - Werdau wird das Dreischienengleis stillgelegt. Überführungsfahrten sind ab sofort nur noch per Straße möglich! Sowas nennt sich heutzutage Fortschritt!!!

**Die Natur erobert sich das Bahngelände zurück.**
**Foto: Thomas Böttger**

*2018 sind die schmalspurigen Gleisanlagen zwischen Freital-Potschappel und Freital-Hainsberg bis auf wenige Reststücke entfernt. Die Unterführungen der Schmalspurbahn unter der DW-Linie sind verfüllt und nicht mehr erkennbar.*

**Ein kurzes Stück des Dreischienengleises befindet sich auch heute noch im Betriebsgelände der BGH Freital.**
**Foto: Stefan Müller**

*Dennoch wird das Gleis auch heute noch teilweise genutzt, nur eben nicht mehr für die Schmalspurbahn, sondern als Teil der normalspurigen Werkbahn der BGH Edelstahl Freital GmbH. Historische Fahrzeuge gibt es hier beim alljährlich Mitte September stattfindenden Hüttenfest sogar auch noch zu sehen!*

**Beim Hüttenfest 2017 waren u. a. die aktuell als 106 006 (ITL) beschilderte ehemalige Werklok „4" der Edelstahlwerke Freital und der ORT 188 202 (Verkehrsmuseum Dresden) zu Gast.**

**Auch 130 002 (Verkehrsmuseum Dresden) sowie der Altenberger Wagen (Interessengemeinschaft Sächsische Eisenbahngeschichte) bereicherten die Ausstellung. Letzterer stand direkt auf dem verbliebenen Rest des Dreischienengleises. Fotos: Stefan Müller**

## 4.18 Erste Sonderfahrten nach der Flut zwischen Dippoldiswalde und Seifersdorf

Dezember 2002: Die Flut 2002 habe ich selbst im Müglitztal erlebt. (Im Buch „Geschichten und Anekdoten zur Müglitztalbahn“ ist darüber ein ausführlicher Bericht zu finden.) Aber natürlich bekam ich schnell mit, dass die Weißeritztalbahn ebenso schwer von den Fluten betroffen war. Im Gegensatz zur heimischen Strecke von Heidenau zum Kurort Altenberg war wenige Monate nach der Flut noch nicht klar, ob die Bahn nach Kipsdorf überhaupt jemals wieder fahren würde. Umso erfreuter war ich, als in der Zeitung von Sonderfahrten zwischen Dippoldiswalde und Malter zu lesen war, die Ende Dezember 2002 stattfinden sollten. Da musste ich hin, so viel war klar!

Am 25. Dezember ist es dann endlich soweit, der erste Sonderfahrt-Tag steht an und die Sonne scheint. Was kann es schöneres geben?! Wir fahren zuerst zum Bahnhof Dippoldiswalde, wo gleich zwei Dampfloks zu beobachten sind. Zum einen die noch immer seit der Flut im Bahnhof stehende 99 747 und zum anderen die Zuglok des heutigen Tages, 99 4511-4 der Interessengemeinschaft Preßnitztalbahn aus dem erzgebirgischen Jöhstadt.

Nach den ersten Schnappschüssen packen wir die Fotoausrüstung wieder ein. Bis zur Abfahrt wollen wir nicht warten, schließlich soll der Zug auf der Bormannsgrundbrücke in Malter fotografiert werden. Also schnell zurück ins Auto und los geht es in Richtung Talsperre.

Als wir in Malter ankommen bleibt nicht viel Zeit, um den idealen Fotostandpunkt zu suchen, denn schon nach wenigen Minuten ist das Pfeifen von Meppel, so wird die Dampflok 99 4511 unter uns Dampflokfreunden genannt, zu hören. Und kurz darauf ist der Zug auch schon zu sehen. Noch kurz warten, bis der gesamte Zug auf dem Viadukt ist und dann den Auslöser drücken – passt. Nur die Sonne steht verkehrt und scheint in den Fotoapparat.

**Im Bahnhof Dippoldiswalde kommt es am 25.12.2002 zur Begegnung der 99 4511 von der IG Preßnitztalbahn mit der am 12. August zurückgebliebenen 99 747. Foto: Stefan Müller**

Jetzt schnell zurück ins Auto und weiter geht die „Parallelfahrt" nach Seifersdorf. Dort endet die Fahrt des Sonderzuges leider schon wieder, doch immerhin fährt wieder etwas auf den seit August brachliegenden Gleisen! Dies ist dem Engagement der IG Weißeritztalbahn sowie der Unterstützung unzähliger Partner und Spender zu verdanken, denn ohne sie wären diese Fahrten nicht möglich!
Inzwischen hat die Lokomotive umgesetzt und steht wieder vor dem Zug, der in Kürze zu seiner Rückfahrt nach Dippoldiswalde starten wird. Wieder steigen wir ins Auto, um rechtzeitig in Malter zu sein. Kurz nach unserer Ankunft beschleunigt der Sonderzug auch schon wieder aus dem Bahnhof Malter und überquert kurz darauf den Viadukt. Der Sonnenstand ist zum Foto-

**Der Sonderzug auf der Bormannsgrundbrücke in Malter. „Meppel" zieht ihre drei Wagen zum örtlichen Bahnhof. Ein schöner Anblick!**

**Startklar in Seifersdorf: Der Sonderzug mit Zuglok „Meppel". Die Wagen sind bereits gut besetzt und die Fahrgäste warten auf die Abfahrt des Zuges. In wenigen Minuten geht es los. Der Heizer ist bereits kräftig am Kohle schaufeln, während der Meister noch mit der Pflege der Lok beschäftigt ist.**
**Fotos: Stefan Müller**

grafieren nicht besser geworden und auf eine Wolke warte ich jetzt auch vergeblich, aber alles nicht so schlimm, denn darauf kommt es mir heute nicht an, schließlich ist es die Fahrt an sich, die das Besondere darstellt.
In Dippoldiswalde ist der Zug schon in den Bahnhof eingefahren, als wir ankommen. „Meppel" steht bereits am Wasserkran und setzt kurz darauf wieder an den Zug an, um wenig später zur letzten Fahrt für diesen Tag nach Seifersdorf aufzubrechen. Nun steigen auch wir ein, um selbst „eine Runde" mitzufahren. Im Wagen denke ich: Schön, dass es wieder dampft rund um Dippoldiswalde!

**Der Sonderzug überquert erneut die Bormannsgrundbrücke in Malter.**

**Bereit zur Fahrt nach Seifersdorf steht der Sonderzug im Bahnhof Dippoldiswalde. Das Zugpersonal ist bis zur Abfahrt noch mit der Pflege der Maschine beschäftigt.
Fotos: Stefan Müller**

## 4.19 Fester Platz im Kalender: Sonderfahrten zwischen 2003 und 2007

Auch in den Folgejahren gibt es immer wieder Sonderfahrten, bei denen ich natürlich dabei sein muss. Besonderes Highlight ist dabei der Einsatz zwei betriebsfähiger VI K-Maschinen zwischen Dippoldiswalde und Seifersdorf zu Ostern 2003. Doch da ich die ersten Einsatztage zu einem Kurzurlaub bei der Preßnitztalbahn verweile, wird Opa in die Spur geschickt, um schon das Abladen der Lokomotiven zu knipsen. Als ich dann aus dem Preßnitztal zurück komme, geht es gar nicht erst nach Hause, sondern direkt nach Dippoldiswalde und an die Strecke. Der Heimatort muss auf unsere Ankunft noch ein bisschen warten, denn die Fotos von diesem Event müssen sofort angefertigt werden, die Dampfloks haben Vorrang!

**Nachdem 99 715 per Schwertransport den Bahnhof Dippoldiswalde erreicht hat, wird sie über die transportable Verladerampe auf die Bahnhofsgleise gezogen.**

**Unterstützt wird die VI K dabei von der Diesellok 199 008 der Preßnitztalbahn. Fotos: Günter Börner**

Am 21. April befinden sich 99 713 (Zuglok) und 99 1715-4 (Vorspannlok) kurz vor dem Bahnhof Malter. Dort wird der Sonderzug schon von vielen Fahrgästen erwartet. Wenig später präsentieren sich die beiden VI K-Maschinen einträchtig nebeneinander im Bf. Dippoldiswalde und werden von allen Seiten abgelichtet. Fotos: Günter Börner / Stefan Müller

Auch am 1. Mai 2003 ziehen 99 713 und 99 1715-4 die Sonderzüge auf der Weißeritztalbahn, hier aufgenommen im Bahnhof Malter. Foto: Steffen Schwarzer

Zu einem richtigen Höhepunkt entwickelt sich in der Folge der jeweils am ersten Adventswochenende veranstaltete Kleinbahnadvent, welcher erstmals 2003 stattfand. Bei dieser Veranstaltung handelt es sich um ein kleines Schmalspurbahnfestival in Freital. Im Bahnhof Hainsberg starten im Stundentakt Züge, die bis zum Beginn des Rabenauer Grundes fahren. Die einzige Zusteigemöglichkeit auf der Strecke befindet sich in Coßmannsdorf, denn die „Endstation" liegt im Wald, ein Fahrgastwechsel ist somit dort nicht möglich.
In Freital-Coßmannsdorf ist bei diesen Festen ebenfalls immer viel los, was unter anderem auch auf die Öffnung des Einkaufszentrums „Hains" an diesem Wochenende zurückzuführen ist. Doch viel interessanter für mich ist der vor dem „Hains" und in unmittelbarer Nähe des Haltepunktes positionierte Tieflader der Preßnitztalbahn, denn darauf wird jedes Jahr ein besonderes Fahrzeug präsentiert.

*Auf den folgenden Seiten erinnern einige Fotos an diese Fahrten sowie an die vor dem „Hains" ausgestellten Fahrzeuge. Doch nicht nur auf dem untersten Abschnitt der Weißeritztalbahn fanden Sonderfahrten statt, sondern ab und an auch zwischen Dippoldiswalde und Seifersdorf. Davon wird in chronologischer Reihenfolge berichtet. Nicht immer war das Wetter zu diesen Veranstaltungen perfekt. Dennoch hieß es für mich: Wenn es irgendwie möglich war, bin ich zur Weißeritztalbahn gefahren, um keine dieser besonderen Fahrten zu verpassen! Und Fotos habe ich natürlich auch immer geschossen, egal wie verregnet der Tag war.*

**Beginnen wir mit dem Kleinbahnadvent 2003: In Freital-Coßmannsdorf sonnt sich 99 1734-5 auf dem Preßnitztalbahn-Transporter und hat somit die beste Aussicht auf die vorbeifahrenden Sonderzüge.**

**Diese werden in diesem Jahr gemeinsam von einer IV K und einer VI K-Maschine bespannt. Am Morgen des 30. November 2003 fungiert 99 1564-6 als Zuglok im Sonderzugverkehr. 99 1713-9 übernimmt derweil den Schubdienst, hier bei der Ausfahrt aus dem Bahnhof Freital-Hainsberg.**
**Fotos: Stefan Müller**

Am späteren Vormittag gibt es einen Loktausch und so führt dann 99 1713-9 den Sonderzug an. Hier ist er zwischen Freital-Hainsberg und Freital-Coßmannsdorf unterwegs.
Fotos: Stefan Müller

99 1713 schiebt ihren Sonderzug aus dem Rabenauer Grund kommend zum Haltepunkt Freital-Coßmannsdorf. Das linke Gleis gehört nicht zur Weißeritztalbahn, sondern zu einer Kindereisenbahn.
Fotos: Stefan Müller

Beim völlig verregneten Kleinbahnadvent 2004 kamen 99 1746 und 99 1761 (hier in Freital-Coßmannsdorf) zu Sonderzugehren. Die Schrankenanlage ist noch nicht wieder funktionsfähig, so dass der Bahnübergang handgesichert wird.

**Auf dem Preßnitztalbahn-Tieflader in Freital-Coßmannsdorf präsentierte sich in diesem Jahr die im Jahr zuvor noch eingesetzte IV K 99 1564-6 den Fotografen.
Fotos: Stefan Müller**

Am ersten Oktoberwochenende 2005 finden wieder einmal Sonderfahrten zwischen Dippoldiswalde und Seifersdorf statt. Extra dafür überführt die SDG ihre IV K 99 1608-1 nach Dippoldiswalde.

Bevor die Fahrten beginnen können, muss das Lokpersonal erst einmal fleißig Kohle schippen. Gut, dass es in Dippoldiswalde ein Gleis mit Laderampenanschluss gibt, so können die Briketts ohne allzu große körperliche Anstrengung ergänzt werden. Zwar muss die Lok per Hand bekohlt werden, allerdings ist kein „über den Kopf" werfen nötig.

Nach dem Restaurieren setzt sich die Lok vor den bereitstehenden Wagenzug, um ihre erste Tour nach Seifersdorf zu unternehmen. Auf dem Bahnsteig warten bereits zahlreiche Fahrgäste auf den ersten Zug des Tages. Schließlich kommt es in dieser Zeit nicht oft vor, dass Fahrten ab „Dipps" angeboten werden.

**Gleich ist die Bekohlung im Bahnhof Dippoldiswalde abgeschlossen. Das Lokpersonal hat seinen Frühsport weg und die Fahrten können beginnen!
Fotos: Stefan Müller**

**Am 22.08.2004 gab es eine Sonderfahrt mit 99 1564-6 und 99 1715-4 zwischen Seifersdorf und Dippoldiswalde, da dieser Streckenabschnitt nicht von Hochwasserschäden betroffen war. Eigentümer der VI K ist die „GbR 99 715", ein Zusammenschluss mehrerer Eisenbahnfreunde. Die 99 1564 gehört der SDG und wurde für diese Veranstaltung aus Radebeul umgesetzt. Unten ist die Ausfahrt aus Seifersdorf kurz vor dem ungesicherten Bahnübergang zu sehen.**
**Fotos: Thomas Böttger**

Acht Wochen später, am letzten November-Wochenende, steht erneut der Kleinbahnadvent auf dem Programm.
Für den Sonderzugeinsatz sind in diesem Jahr 99 1746-9 und 99 1775-8 ausgewählt worden. Ein besonderes Highlight stellt für Mitfahrer und Fotografen gleichermaßen der gelbe Salonwagen dar. Die einen erfreuen sich an der darin stattfindenden Bewirtung, die anderen an der Bereicherung des Bildes. Und auch die Sonne schaut in diesem Jahr wieder vorbei, sodass alle Anwesenden von der Veranstaltung begeistert sind. Und auch im Folgejahr ist Klärchen dabei, als es in Freital dampft...

**Eine Pendelfahrt mit 99 1608-1 gab es am 18.02.2006 ebenfalls zwischen Seifersdorf und Dippoldiswalde. Hier auf der Stützmauer der Talsperre Malter, welche teilweise abgelassen war. Foto: Thomas Böttger**

**Avents-Sonderzug mit 99 1746-9 (Zuglok) und 99 1775-8 als Schiebe beim Befahren der Brücke über die Wilde Weißeritz in Freital. Links daneben die Fahrleitungsmasten der Hauptbahn Dresden - Werdau. Foto: Stefan Müller**

2005: 99 1775 hat soeben den Endpunkt der befahrbaren Strecke im Rabenauer Grund erreicht. Das Zugschlusszeichen wurde bereits umgesteckt, sodass die Rückfahrt in wenigen Augenblicken beginnen kann. In Freital-Coßmannsdorf wird der Sonderzug in Kürze der Lok1 der IG Weißeritztalbahn begegnen. Fotos: Stefan Müller

Kleinbahnadvent 2006: Begleitet von den ersten Sonnenstrahlen des Tages wird die Zuglok des Sonderzuges 99 1761-8 geschmückt. Wenige Minuten später zieht sie den Zug zum Bahnsteig vor und die ersten Reisenden können in den mollig warmen Wagen Platz nehmen.
Gut 30 Minuten später passiert der Sonderzug den Zusammenfluss von Wilder und Roter Weißeritz in Freital. Die Temperaturen sind der Jahreszeit angemessen, nur der Schnee fehlt. (02.12.2006) Fotos: Stefan Müller

Zweite Lokomotive am Sonderzug ist 2006 die Diesellok L58H-358. Diese zieht die Züge talwärts. Auf dem oberen Bild kommt der Sonderzug gerade aus dem Rabenauer Grund zurück.

Während 99 1761-8 bei bester Dampfentwicklung von Coßmannsdorf kommend in den Rabenauer Grund einfährt, kann gegenüber des Haltepunktes Coßmannsdorf die ehemalige Freitaler Güterstraßenbahnlok 3091 besichtigt werden. Eine etwas andere und sogleich ganz besondere Bereicherung dieses Kleinbahnadvents! Fotos: Stefan Müller

**Der letzte Kleinbahnadvent vor dem Wiederaufbau der Weißeritztalbahn zwischen Freital und Dippoldiswalde steht ganz im Zeichen der Sächsischen Gattung IV K. Zum Einsatz kommen die SDG-Loks 99 1608-1 und 99 1564-6. Oben ist die Einfahrt des Sonderzuges in den Haltepunkt Freital-Coßmannsdorf zu sehen, unten die Rückfahrt zwischen Coßmannsdorf und Hainsberg. Beide Fotos stammen vom 01.12.2007. Auf dem Tieflader wird in diesem Jahr ein Güterwagen der Gattung GGw präsentiert. Fotos: Stefan Müller**

## 4.20 Ein Treffen mit Hagen von Ortloff in Dippoldiswalde

13. Dezember 2008: Die Wartezeit ist endlich vorbei! Ab heute fahren wieder regelmäßig Schmalspurzüge von Freital-Hainsberg nach Dippoldiswalde. Ganz exakt ist das nicht, denn heute ist der Tag, an dem die Teilstrecke Freital-Hainsberg - Dippoldiswalde nach erfolgter Rekonstruktion wiedereröffnet wird und da kommen erst mal „nur" zwei Sonderzüge mit Festgästen sowie Fahrgästen, die vor langer Zeit ihren Platz reserviert haben, in Dippoldiswalde an. Ich freue mich sehr, schließlich ist es schon über sechs Jahre her, als der letzte planmäßige Zug diese Strecke befuhr. Auch ich habe meine Fahrkarte schon vor langer Zeit bestellt.
Doch dann entscheide ich mich anders. Ich verschenke meine Fahrkarte an einen befreundeten Bahnfan, denn ich möchte die Ankunft des Eröffnungszuges in Dippoldiswalde hautnah miterleben und dies geht natürlich nur, wenn ich auf die Mitfahrt im Zug verzichte.
Der Eröffnungszug erreicht bei recht ungemütlichem Winterwetter pünktlich und vollbesetzt den hiesigen Bahnhof, der ebenfalls voller Leute ist. Nach der Ankunft steigen verschiedene Ehrengäste aus dem Festzug aus, darunter viele Politiker. Doch wesentlich interessanter ist für mich, dass auch der aus der seit 1991 ausgestrahlten Sendung „Eisenbahn-Romantik" bekannte Moderator Hagen von Ortloff dabei ist. Gern würde ich ein paar Worte mit ihm wechseln, allerdings ist er dicht umlagert von vielen Personen, die wohl dasselbe vorhaben. Doch dann klappt es! Wir sprechen kurz über die Wiedereröffnung der Weißeritztalbahn und darüber, wann der entsprechende Fernsehbeitrag im SWR laufen wird. Nach wenigen Minuten verabschiede ich mich von dem Kultmoderator, der 1949 in Zwickau geboren, in Dresden aufgewachsen und 1960 nach Heilbronn gezogen ist, schließlich wollen noch viele andere Leute mit ihm sprechen. Auch wenn es nur ein kurzes Gespräch war, hat sich dieses, genau wie das Miterleben der Ankunft des Eröffnungszuges, gelohnt! Dieses Erlebnis bleibt unvergesslich!

**Der Eröffnungssonderzug ist in „Dipps" eingetroffen und das Publikum verteilt sich auf dem Bahnhof. Foto: Stefan Müller**

**Der Autor neben Hagen von Ortloff. Foto: Ines Müller**

Souvenirs, Souvenirs: Auch ein Räuchermann-Eisenbahner soll an diesen historischen Tag erinnern. Er blickt schon in die Zukunft, denn bis zur Wiedereröffnung der Gesamtstrecke werden noch fast neun Jahre ins Land gehen. Sammlung: Stefan Müller

Hier löscht 99 1746-9 ihren „Durst“ am Wasserkran. Ein obligatorisches „Spektakel“, welches große Beachtung findet. Foto: Stefan Müller

Hier nun das große historische Ereignis: Der Eröffnungssonderzug mit 99 1771-7 + 99 1746-9 erreicht bei vorweihnachtlicher Stimmung den Bahnhof Dippoldiswalde. Foto: Stefan Müller

### 4.21 Auf nach Obercarsdorf!

Von 2010 bis 2013 finden am ersten Adventswochenende Sonderfahrten zwischen Obercarsdorf und Schmiedeberg statt. Dieses Datum plane ich immer schon Monate vorher fest ein, sodass nichts dazwischen kommen kann. Das Schönste bei den Mitfahrten ist jeweils die Überfahrt über den Schmiedeberger Viadukt – ein tolles Gefühl. Das Wetter ist immer für eine Überraschung gut, mal herrlich winterlich, dann wieder ungemütlich und schmuddelig – aber sehen Sie selbst! Nachfolgend sollen einige Bilder den tollen Eindruck der Fahrten vermitteln.

**Der erste Zug des Tages auf dem Viadukt in Schmiedeberg. Kurz danach setzt die Zuglok auch schon in Schmiedeberg um. Schnee und Eis sorgen für eine ganz besondere Atmosphäre! Fotos: Stefan Müller**

Aufgrund einer eingefrorenen Weiche, immerhin sind fast - 20 Grad am frühen Morgen gemessen worden, verzögert sich das Umsetzen um ca. 30 Minuten, ehe sich die Weiche dann endlich bewegen lässt. Zum Glück wärmt die Sonne ein klein wenig und die dicken Lederstiefel tun ihr übriges für eine „angenehme Körperwärme“.
Fotos: Stefan Müller

Kleinbahnadvent 2011: In diesem Jahr fehlt der Schnee. Doch das tut der Stimmung am 26. November keinen Abbruch. Vor dem Sonderzug kommt die Einheitslok 99 1734-5 zum Einsatz. Der VVO ist mit seinem Info-Mobil ebenfalls ein treuer Gast in Obercarsdorf.
Foto: Stefan Müller

Auf der Rückfahrt wird der Zug am Haltepunkt Schmiedeberg-Naundorf von nur wenigen Reisenden erwartet. Doch ein kleines Kind kann seine Mama von einer Mitfahrt im Dampfzug überzeugen!
Foto: Stefan Müller

Schneemassen kennzeichnen den Kleinbahnadvent 2012! Zunächst werfen wir einen Blick zum herrlich verschneiten Bahnhof Obercarsdorf. Am frühen Samstagmorgen ist noch nicht viel Betrieb, doch mit Beginn der Fahrten setzt der Fahrgastansturm ein. Vor der ersten offiziellen Fahrt muss jedoch zunächst die Strecke freigeschnitten werden, da aufgrund der Schneelast mehrere Bäume und Äste auf die Strecke gekippt sind. Unten sehen wir den zurückkehrenden „Forst-Dienstzug“ nach getaner Arbeit in der Bahnhofseinfahrt Obercarsdorf.
Fotos: Stefan Müller

Für die Bekohlung der 99 1608-1 in Obercarsdorf war der Fuhrbetrieb Faust aus Rabenau zuständig. Gut, dass die Pritsche des MAN FE 19.160 fast die gleiche Höhe wie der Kohlekasten der IV K hat.
Foto: Katrin Böttger

Ein kurioser Anblick im Bahnhof Obercarsdorf: Drei Nikoläuse helfen dem gestürzten VVO-Maskottchen auf die Beine. Die Kinder haben wohl schon jetzt ihre Freude…
Foto: Katrin Böttger

Die IV K 99 1608-1 hat den Bahnhof Schmiedeberg erreicht und bereits wieder umgesetzt. Nun wartet sie auf die Rückfahrt nach Obercarsdorf, eingerahmt von einem wunderbaren Winterpanorama!
Foto: Stefan Müller

**Beim Kleinbahnadvent 2013 kommt wiederum die IV K 99 1608-1 zum Einsatz. Kurz vor der Abfahrt kann sie im Bahnhof Obercarsdorf angetroffen werden. Unten links sehen wir den Sonderzug aus der Fahrgastperspektive beim Überqueren des Schmiedeberger Viaduktes. Wenige Augenblicke später trifft sie bereits im dortigen Bahnhof ein. Das Wetter ist nicht annähernd so winterlich wie im Vorjahr. Fotos: Stefan (2) und Jörg Müller**

## 4.22 Mit einem Kommilitonen die Schönheiten der Region entdecken

25. März 2011: Mit meinem eisenbahnbegeisterten Kommilitonen Benjamin, der vor seinem Studium selbst schon als Lokführer bei der Deutschen Bahn AG gearbeitet hat, besuche ich heute die Weißeritztalbahn. Schließlich sollen die Semesterferien sinnvoll genutzt werden und nach dreieinhalb Jahren Studium wird es auch Zeit, dass ich meinem Freund aus Itzehoe das wunderschöne Weißeritztal zeige.
Mit dem P 5002 fahren wir 9:42 Uhr von Freital-Hainsberg nach Dippoldiswalde. Regen und Nebel sind unsere heutigen Begleiter. Das Wetter könnte also besser sein, doch davon lassen wir uns nicht beirren, schließlich mussten wir vor wenigen Wochen noch Vorlesungen in unsanierten Gebäuden der TU Dresden besuchen, in denen nicht mal die Heizung funktionierte. Dagegen sind die mollig warmen Wagen der reinste Luxus! Immer wieder öffnen wir während der Fahrt das Fenster, um dem Klang der Lokpfeife noch besser lauschen zu können. Es ist auch beeindruckend, wenn der Zug nach einem Halt anfahren muss und die Dampflokzylinder „musizieren".
In Dippoldiswalde angekommen, beobachten wir noch das Wasser-nehmen unserer Zuglok. Anschließend fahren wir mit dem Bus weiter, um das Uhrenmuseum in Glashütte zu besuchen. Auch dort lässt es sich wunderbar in eine längst vergangene Zeit eintauchen und alte Technik bestaunen. Faszinierend für uns sind vor allem die goldenen Taschenuhren. Nach zwei Stunden beenden wir unseren Rundgang und fahren zurück nach Dresden, diesmal jedoch im modernen Triebwagen der Städtebahn Sachsen – bequem, aber kein Vergleich mit der Gemütlichkeit und den Geräuschen einer Dampfzugfahrt!

**Beim Wassernehmen in Dippoldiswalde schaut Benjamin begeistert zu. Dampfloktechnik hautnah gibt es nicht mehr in vielen Regionen Deutschlands zu erleben, umso wichtiger ist es, dass die Weißeritztalbahn wieder fährt. Foto: Stefan Müller**

## 4.23 Ein Fotogüterzug im Weißeritztal

*(von Johannes Mühle)*

25. September 2011: Heute verkehrt ein von der IG Weißeritztalbahn organisierter Fotogüterzug, genauer ein Güterzug mit Personenbeförderung, kurz GmP. Diese Zuggattung gehörte in den ersten Jahrzehnten der Betriebsgeschichte zum Alltag im Weißeritztal. Beliebt waren diese Züge bei den Reisenden jedoch nicht wirklich, schließlich dauerte die Fahrt im Personenwagen damals recht lang, da an den Unterwegshalten von der Zuglok das Rangieren der Wagen durchgeführt wurde. Mit einem normalen Personenzug dauerte die Reise oft nur halb so lang und deshalb gab es auf unserer Strecke dann schon bald eine konsequente Trennung in reine Personen- sowie reine Güterzüge. Doch heute lebt die alte Tradition eines GmP wieder auf! Seit über 15 Jahren fahren zudem nicht mal mehr planmäßig Güterzüge durch das Weißeritztal, höchstens mal ein Arbeitszug und dieser dann meist mit Diesellok. Umso schöner ist es, dass die IG Weißeritztalbahn den heutigen Event organisiert hat.
Zunächst schaue ich mich in Freital-Hainsberg um. Schließlich interessiert mich, welche Güterwagen in den Zugverband eingereiht sind. Neben einem gedeckten Güterwagen (GGw 97-13-30) sind auch zwei auf Rollwagen (97-06-94 und 97-06-97) stehende Normalspurgüterwagen dabei. Das ist natürlich besonders fotogen. Als Zuglok kommt die 1952 als erste vom VEB Lokomotivbau Karl Marx in Babelsberg gefertigte Neubaulok, 99 1771-7, zum Einsatz. Schon jetzt freue ich mich auf einen unvergesslichen Tag mit vielen wunderbaren Fotomotiven! Und ich sollte nicht enttäuscht werden, denn mit vielen tollen Eindrücken und Fotos fahre ich am Abend glücklich und zufrieden nach Hause!

**Im Rabenauer Grund lässt sich eine besonders romantische Stimmung einfangen. Die Weißeritz wird eingerahmt von viel Grün, dazu blauer Himmel und im Mittelpunkt der Fotogüterzug. Foto: Johannes Mühle**

Nach einem Fotohalt im Bahnhof Seifersdorf geht die Fahrt weiter nach Dippoldiswalde.

Oberhalb von Seifersdorf sowie an der Talsperre Malter postiere ich mich für die nächsten Aufnahmen des Sonderzuges. Ein etwas umfangreicherer Grünschnitt wäre allerdings an der Talsperre wünschenswert gewesen. So geht leider der zweite aufgerollte Wagen „verloren“. Fotos: Johannes Mühle

## 4.24 Tatü-Tata, die Feuerwehr ist da!

*(von Armin Bellmann)*

April 2013: Heute findet eine Sonderfahrt statt, die etwas anders verlaufen sollte, als es sich die Fahrgäste wohl vorgestellt hatten. Zur Bespannung des Sonderzuges wird die IV K 99 1608-1 eingesetzt. Hinter ihr hängen Altbauwagen, sodass eine tolle Zugkomposition entsteht. Los geht es voller Vorfreude in Freital-Hainsberg.

Ein längerer Halt ist in Seifersdorf eingeplant. Hier ist die Wartehalle geöffnet und es wird ein besonderes Highlight für die Fotografen geboten. Die IV K wird vom Sonderzug abgekuppelt und schiebt einen OOw, einen offenen vierachsigen Güterwagen, an den hier abgestellten KKw, ein vierachsiger Klappdeckelwagen, sodass ein kleiner, aber feiner Güterzug beim Rangieren beobachtet und auf den Film gebannt werden kann.

Wenig später geht es weiter in Richtung Dippoldiswalde, doch in Malter ist wieder Stopp und der Zug steht schon seit Minuten und fährt nicht weiter. Was ist los? Ich gehe zum Lokpersonal. Der Lokführer erzählt mir, dass die Wasservorräte nahezu aufgebraucht seien und voraussichtlich nicht mehr bis Dippoldiswalde reichen würden.

Was nun? – Die Feuerwehr muss her!!

Einige Minuten später treffen die Jungs mit ihrer Feuerwehr am Bahnhof in Malter ein. Der Wasserschlauch wird ausgerollt und in den Wasserkasten der 99 1608-1 befördert. „Wasser marsch!" erklingt es und schon läuft das so wertvolle Nass durch den Schlauch. Nach einer guten viertel Stunde kann die Fahrt nun wieder mit ausreichend Wasservorrat endlich fortgesetzt werden. Die Rückfahrt verläuft dann unspektakulär, aber die Hinfahrt bleibt aufgrund des Feuerwehreinsatzes wohl für immer in meiner Erinnerung!

**Rangierarbeiten in Seifersdorf zur Freude der Fotografen. Foto: Armin Bellmann**

Fertig ist der kleine, aber feine „Fotosonderzug“. Gut gelaunt fotografieren die Sonderfahrtteilnehmer dieses Arrangement. Noch sind die Vorratsbehälter der Lok voll... Doch wenig später ist das Wasser fast aufgebraucht, sodass die Kameraden der Freiwilligen Feuerwehr zum Bahnhof Malter ausrücken müssen. Schnell wird der Wasserschlauch vom Lokpersonal in den Wasserbehälter eingeführt, um diese missliche Situation zu beenden.

Das Wasser läuft! Und bald werden genug Kubikmeter in der Lok angekommen sein, sodass bis Dippoldiswalde weitergefahren werden kann. Die herbeigeeilten Kameraden können bald wieder einrücken und werden sich sicherlich auch noch lange an diesen ungewöhnlichen Einsatz erinnern. Fotos: A. Bellmann

## 4.25 Wieder Hochwasser im Weißeritztal
*(von Kevin Steckel)*

2. Juni 2013: Diese Zugfahrt wird mir noch lange in Erinnerung bleiben, denn aufgrund des vielen Regens der vergangenen Tage hat die Weißeritz einen Wasserstand erreicht, der bedrohlich hoch ist. Teilweise schlagen die Wassermassen fast schon bis an das Gleis – ein seltsames Gefühl. Und die Weißeritz führt gefühlt von Minuten zu Minute mehr Wasser. Je weiter wir fahren, desto höher wird der Wasserstand. Wie lange kann das noch gut gehen?
Ein Blick zurück: 30 Minuten zuvor sitze ich nichtsahnend am Bahnhof Dippoldiswalde im Zug und warte auf die Abfahrt. Es regnet unaufhörlich. Nur wenige Fahrgäste steigen hier ein. Wer soll es den zuhause Gebliebenen auch verdenken, dass sie sich bei diesem Wetter nicht für einen Ausflug mit der Bimmelbahn entschieden haben?!
Ein Pfiff und sogleich setzt sich unser Zug in Bewegung. Bereits nach wenigen hundert Metern Fahrt gibt es die ersten kleinen Überspülungen am Gleis, doch was kurze Zeit später im Spechtritz- und Rabenauer Grund los ist, erinnert mich sofort an die Bilder vom August 2002. Die Weißeritz ist bereits über die Ufer getreten und fließt auch über den Wanderweg. Zum Glück ist beim Wiederaufbau der Bahnstrecke viel in den Hochwasserschutz investiert worden, ansonsten gäbe es wohl schon jetzt größere Schäden am Gleis und unser Zug könnte nicht mehr fahren. Doch wie hoch wird die Weißeritz in den nächsten Stunden noch steigen, welche Schäden wird es geben? Hoffentlich wird es nicht so schlimm wie 2002!!! Noch können wir weiter fahren, allerdings mit verminderter Geschwindigkeit, falls kurzfristig doch ein Halt des Zuges notwendig wird.

**Der Blick aus dem Zug auf die Rote Weißeritz bei Spechtritz lässt Schlimmstes erwarten.
Foto: Kevin Steckel**

**Bestürzende Bilder aus Rabenau: Oberhalb des Bahnhofs erreicht die Weißeritz fast die Höhe der neuen Stabbogenbrücke. Noch wenige Zentimeter Anstieg und es gibt eine Katastrophe. Für den Wanderweg ist der jetzige Wasserstand schon zu viel, er ist unter der braunen Brühe versunken. Und auch die Wanderhütte wird bereits geflutet. Fotos: Kevin Steckel**

Nach den dramatischen Bildern im Rabenauer Grund bin ich froh, dass wir in Anbetracht der äußeren Umstände doch recht problemlos in Freital-Coßmannsdorf ankommen. Hier steige ich aus, warte aber noch, ob der nächste nach Dippoldiswalde fahrende Zug noch auf seine Fahrt geschickt wird. Bis dahin schaue ich mir zunächst diese unwirklichen Bilder von der Zugfahrt auf meiner Kamera an, die ich vom letzten Perron aus geschossen habe. Noch immer bin ich recht schockiert, wie stark die Weißeritz angeschwollen ist.
Auch hier in Coßmannsdorf steht das Gleis schon teilweise unter Wasser. Unser ebenfalls anwesender IGW-Vereinschef Ralf Kempe wühlt mit bloßen Händen im Schotter, um irgendwie das stehende Wasser ableiten zu können. Auch die Feuerwehr ist da. Ursache für die Überflutung ist allerdings ein überlaufender Gully am Bahnsteig und nicht die Weißeritz.
Plötzlich ein Pfiff. Tatsächlich will die SDG nochmal nach „Dipps“ fahren. Ob das gut gehen wird? Später erfahre ich, dass der Zug bis Dippoldiswalde und auch wieder bis Hainsberg gekommen ist. Anschließend muss der Zugverkehr dann aber doch eingestellt werden, da die Wassermassen das Gleis an mehreren Stellen überspült und Schäden angerichtet haben.

Der Umfang der Schäden wird erst ein paar Tage später sichtbar, als die Weißeritz wieder Normalhöhe erreicht. Um einige Schadstellen zu beseitigen, rücken am 8. Juni Mitglieder der IGW sowie Mitarbeiter der SDG gemeinsam zum Baueinsatz aus. Dabei gilt es unter anderem Regenabläufe zu reinigen sowie Mineralgemisch und Schotter aus dem Lübauer Gründel zu holen. Zum Einsatz kommt dabei das Fahrzeug SVP 74-031 samt Beiwagen der SDG. Ein universell einsetzbares Gerät, was dank Baggerschaufel gute und schnelle Arbeit ermöglicht. Insgesamt sind die Schäden zum Glück relativ gering, so dass schon bald wieder die Züge bis Dippoldiswalde dampfen können!

**SVP 74-031 im Einsatz: Nach der Passage des Bahnhofs Rabenau beginnen die Arbeiten im Lübauer Gründel. Gemeinsam beseitigen Arbeiter der SDG und Mitglieder der IGW einige Schäden, die die Weißeritzflut hinterlassen hat. Fotos: Kevin Steckel**

## 4.26 Die I K 54 erobert das Weißeritztal

*(von Günter Börner)*

Oktober 2013: Nun ist es soweit, die nachgebaute I K No. 54 befährt erstmals die Gleise der Weißeritztalbahn! Man muss aber schon fast sagen: „Es wird auch mal Zeit!“ Schließlich war die letzte betriebsfähige Original-I K, wie bereits erwähnt, lange Zeit auf der Anschlussbahn der Schmiedeberger Gießerei im Einsatz. Umso verwunderlicher ist es für mich, dass die 2009 in Betrieb genommene Lok erst vier Jahre später im Weißeritztal unterwegs ist. Aber egal, nun ist sie ja endlich da!

Für mich die Gelegenheit, ganz besondere und vielleicht gar einmalige Fotos anzufertigen, denn wer weiß, wann die Lok wieder auf den hiesigen Gleisen verweilen wird?! Schade ist nur, dass sie nicht bis Schmiedeberg gelangt, denn noch immer ist vom Wiederaufbau des Streckenabschnittes Dippoldiswalde - Kurort Kipsdorf nichts zu sehen.

Aber zurück zum heutigen Tag: Das Wetter spielt wunderbar mit und so positioniere ich mich an der Ratsmühle in Dippoldiswalde, denn von hier gibt es ein altes Foto aus den ersten Betriebsjahren der Weißeritztalbahn, wo ebenfalls ein I K-Zug bergwärts unterwegs ist. Bild gelungen!

Anschließend beobachte ich das „Restaurieren“ der Lokomotive, also das Wasser- und Kohlefassen, im Bahnhof Dippoldiswalde. Ein Förderband oder gar einen Kran zum Kohle bunkern gibt es nicht, hier ist viel mehr ganz wie früher Muskelkraft gefragt. Schaufel für Schaufel landen weitere Briketts im Kohlekasten der Lok – ein faszinierendes Schauspiel, wie der gesamte Einsatz der I K No. 54 im Weißeritztal! Hoffentlich kommt sie bald wieder auf unserer Strecke zu Sonderzugehren!

**Die I K No. 54 an der Ratsmühle in Dippoldiswalde. Foto: Günter Börner**

**Die I K No. 54 ist in Dippoldiswalde angekommen. Hier heißt es nun Betriebsvorräte auffüllen! Zuerst wird die Lok mit frischem Wasser versorgt, bevor der Kohlevorrat aufgefüllt wird. Das Personal der I K kann sich am Abend das Fitnessstudio sparen!**
**Fotos: Günter Börner**

## 4.27 Wenn die Dampflok kaputt ist...

4. Juli 2014: ... dann muss die Diesellok L45H-084 der SDG die Personenzüge im Weißeritztal bespannen. So auch heute. Ein kurzfristig aufgetretener Defekt an der einzigen angeheizten Dampflok führt dazu, dass sie am Morgen nicht einsatzfähig ist. Doch eine andere Dampflok anheizen dauert mehrere Stunden, bis dahin ist die planmäßige Dampflok repariert und wieder einsatzbereit.

In der Zwischenzeit muss die 1985 unter der Fabriknummer 24973 von FAUR gebaute Diesellok aushelfen, damit die Personenzüge zwischen Freital-Hainsberg und Dippoldiswalde nicht ausfallen müssen. Oft sind die Fahrgäste darüber nicht wirklich begeistert, aber die Alternative dazu wäre Schienenersatzverkehr mit einem Bus. Da ist eine Diesellok am Zug allemal besser! Und unter Fotofreunden sind die Diesellokeinsätze inzwischen sogar sehr beliebt, schließlich lassen sich dadurch einmal ganz andere Motive einfangen!

**Außerplanmäßig bespannt die SDG-Diesellok am 4. Juli 2014 den P 5000 nach Dippoldiswalde. Wenige Augenblicke vor der Einfahrt in den Endbahnhof wird die Ratsmühle passiert. Fotos: Stefan Müller**

## 4.28 Unterwegs mit dem Traditionszug von Seifersdorf nach Dippoldiswalde

19. Juli 2014: Auf der Weißeritztalbahn findet dieses Wochenende das alljährliche Schmalspurbahn-Festival statt. Schon seit längerem habe ich eine Mitfahrt im Traditionszug geplant. Die dabei eingesetzten historischen Wagen stammen von der Traditionsbahn Radebeul und wurden speziell für das Festival von Radebeul nach Freital-Hainsberg umgesetzt.
Einige Tage vor Festivalbeginn verlost der Verkehrsverbund Oberelbe (VVO) Freikarten für das Fest-Wochenende. Natürlich mache ich mit! Und nicht nur für mich, sondern auch für meine Eltern sende ich eine Gewinnspiel – E-Mail. Und tatsächlich gewinnen wir gleich zwei Familientageskarten. Das ist natürlich spitze! Nur Mutti muss noch überzeugt werden, dass sie plötzlich auch zum Männerausflug mit darf (muss)!
In Seifersdorf warten wir auf den Traditionszug, der pünktlich in den bestens von den Mitgliedern der IG Weißeritztalbahn gepflegten Bahnhof einfährt. Der Zug ist bereits gut gefüllt, doch wir finden gleich im ersten Personenwagen einen Platz. Ganz nah hinter der Lok lässt sich am besten der Geruch von frisch verbrannter Kohle beziehungsweise dem abgegebenen Dampf einatmen. Dieses Geruchserlebnis muss man natürlich mögen! Wer für diese Bahnreise zudem weiße oder helle Bekleidung trägt, wird sich zu Hause beim Blick in den Spiegel sofort an den Ausflug mit der Dampfeisenbahn erinnern!
Nicht nur der Zug ist historisch, auch die Uniformen der Schaffner. Einer von ihnen hat sogar eine historische Glocke in der Hand. Diese lässt er zur Freude der Reisenden – und sicher auch zu seiner eigenen – immer wieder erklingen.
Bei über 30 Grad blicken wir an der Talsperre Malter vorbeifahrend etwas neidisch auf die in der Talsperre schwimmenden Menschen hinüber. Aber auch bei uns im Zug ist es herrlich

**Der Traditionszug, geführt von der bestens gepflegten IV K 176, erreicht den Haltepunkt Seifersdorf und ist bereits gut gefüllt. Foto: Stefan Müller**

erfrischend, zumindest draußen auf der Plattform. Dort lässt es sich aushalten! Als wir in Dippoldiswalde aus dem Zug steigen, wird unsere Lok bereits mit frischem Wasser aufgefüllt. Nicht immer landet das Wasser nur dort, wo es hingehört, sondern läuft ab und an auch an den Wasserkästen der Lok hinab. Was im Winter sehr unangenehm für das Personal werden kann, ist heute eine willkommene und wohltuende Erfrischung! Angesichts der Temperaturen würde ich am liebsten selbst drunter stehen!

**„Der Mann mit der Glocke!" Foto: Ines Müller**

**Nachdem der Wasservorrat aufgefüllt ist wird die Maschine wieder an den Zug angekuppelt. In wenigen Minuten startet die Rückfahrt. Auch in Dippoldiswalde steigen wieder viele Fahrgäste zu. Fotos: Stefan Müller**

## 4.29 Pfannkuchen im Zug

9. Februar 2016: Gemeinsam mit meiner Mutter fahre ich am heutigen Faschingsdienstag mit der Weißeritztalbahn von Rabenau nach Freital-Coßmannsdorf. Diese Fahrt sollte für uns und viele andere Fahrgäste eine süße Überraschung bereit halten. Wir hatten in der SZ gar nicht gelesen, dass es an diesem Tag in den Zügen Pfannkuchen geben soll.
Als unser Zug im Bahnhof hält, ist eine nette Dame mit Pfannkuchenkörbchen zu sehen. Da sie den Wagen wechselt, bekommen wir zu unserem Erstauen auf dem Bahnsteig einen großen und gutaussehenden Pfannkuchen überreicht. Zuerst zeigen wir unsere Fahrkarten dem Schaffner vor, danach lassen wir uns diese Leckerei schmecken – köstlich!!!
In Freital-Coßmannsdorf steigen wir schon wieder aus, schließlich müssen die gesammelten Pfunde wieder abgewandert werden. So laufen wir gemütlich durch den Rabenauer Grund zurück nach Rabenau. Unterwegs sehen wir den bergwärts fahrenden Zug, in dem bestimmt schon wieder Pfannkuchen vernascht werden. Die Fahrgäste genießen diese bestimmt genauso wie wir vorhin!

**In Rabenau bekommen wir noch vor dem Einsteigen einen leckeren Pfannkuchen. Nach dessen Verzehr wird der Zug in Freital-Coßmannsdorf verlassen. Fotos: Stefan Müller**

## 4.30 Ein Schotterwagen entgleist

13. August 2016: Nein, nicht Freitag der Dreizehnte, sondern Samstag. Doch das Geschehen am heutigen Tag passt viel eher zu einem „Schwarzen Freitag".
Doch der Reihe nach: Als die für heute geplanten Schotterarbeiten am Bahnübergang in Ulberndorf gegen 16:30 Uhr weitestgehend abgeschlossen sind, ist noch Material in den Güterwagen vorhanden. Dieses nach Dippoldiswalde zurückzufahren, wäre nicht sinnvoll. Deshalb soll der Schotter weiter südlich, zwischen Bahnübergang und dem örtlichen Haltepunkt, ausgebracht werden. Sogleich machen sich die Bauarbeiter an die Arbeit, um das noch vorhandene Material zu verteilen. Vorgesehen ist, mit dem Zug bis kurz vor das Gleisende zu fahren und das Füllgut beim langsamen Zurückdrücken des Zuges zu verteilen.
Doch plötzlich kracht es! Die Ursache ist schnell gefunden, denn ein Schotterwagen ist aus den Schienen gesprungen. Was war geschehen? Beim Zurückdrücken des Schotterzuges verteilte sich der Schotter nicht ideal, sodass sich an einer Stelle ein Häufchen bildete, der die Schiene verschüttete. Beim Weiterfahren „kletterte der Wagen auf" und entgleiste.
Schnell eilen nun sowohl Bauarbeiter wie auch Anwohner herbei, schließlich war dieser kleine Unfall nicht zu überhören. Zunächst blicken alle Beteiligten etwas zerknirscht drein. Aber dann wird diskutiert, wie dieses Malheur am besten und schnellsten zu beseitigen sei. Der Maschinist der Gleisstopfmaschine hat ein „Deutschlandgerät" (Gerät zum Eingleisen von Fahrzeugen) dabei und will dieses holen. Doch zunächst soll ein Hebeversuch mit einem Bagger unternommen werden. Dieser kommt auch schon vom Bahnübergang herangefahren. Jetzt

**Nachdenkliche Gesichter direkt nach der Entgleisung des Schotterwagens. Foto: Stefan Müller**

wird er hier dringender gebraucht. Ein dickes Seil wird um die Baggerschaufel sowie den entgleisten Wagen gewickelt. Dann wird kräftig gezogen. Zunächst passiert nicht viel, doch langsam hebt sich der Wagen. Allerdings wird auch das Seil immer länger, es dehnt und dehnt sich. Eine nicht ganz ungefährliche Aktion, denn plötzlich reißt das Seil! Zum Glück geht dieser Versuch glimpflich aus, doch der Wagen steht immer noch neben dem Gleis. Er hat sich zwar bewegt, allerdings viel zu weit, sodass er sich jetzt noch weiter außerhalb des Gleises befindet. Die Aktion bringt also keinerlei Erfolg, sodass zur Bergung nun doch das „Deutschlandgerät" eingesetzt werden muss. Es dauert einige Zeit, doch dann ist das Malheur beseitigt und der Wagen steht wieder auf den Schienen.

**„Verdammt, der Wagen sitzt im Kies!" Doch kurze Zeit später naht die vermeintliche Rettung in Form eines Baggers. Erst muss die Lok ein Stück vorziehen und dann geht es los. Noch besteht ja die Hoffnung, dass der Wagen in wenigen Minuten wieder im Gleis steht...**

... doch der Versuch scheitert. Der Wagen hat sich viel zu sehr nach rechts bewegt, sodass er jetzt noch weiter von den Schienen entfernt steht. Also muss das „Deutschlandgerät“ her und es wird ein längerer „Eingleisungsnachmittag.“ Fotos: Stefan Müller

## 4.31 Der Lokfriedhof von Hainsberg

13. November 2016: Heute steht mein Besuch bei der Weißeritztalbahn ganz im Zeichen alter Dieselloks, denn ich schaue mich etwas genauer in Freital-Hainsberg um, wo an der Ausfahrt Richtung Coßmannsdorf zwei alte rumänische Dieselloks stehen. Genauer muss man allerdings sagen, dass es sich um Wracks von Dieselloks handelt, die lediglich noch zur Ersatzteilgewinnung dienen.
Viele Teile fehlen bereits an den Loks FAUR 20931 (gebaut 1970 / ex CFR 87-0024-7) und FAUR 21885 (gebaut 1973 / ex CFR 87-0026-2), auch haben sie keine Achsen und Räder mehr, aber noch gibt es Teile, die beispielsweise bei einem Unfallschaden der SDG-Dieselloks noch von Gebrauch sein könnten. Deshalb bleiben die Wracks vorerst erhalten.

**Die beiden Lokwracks stehen recht abseits, sodass sie von den meisten Fahrgästen gar nicht wahrgenommen werden. Das ist auch ganz gut so, denn ihre besten Tage haben sie längst hinter sich.**
**Fotos: Stefan Müller**

## 4.32 Der Schneepflug kommt!

*(von Armin Bellmann)*

9. Januar 2017: Die letzten Tage hat es immer wieder kräftig geschneit. Wie ich hörte, kam schon mehrfach der Schneepflug auf der Weißeritztalbahn zum Einsatz. Doch bisher musste ich immer arbeiten, sodass ich keine Gelegenheit hatte, dieses interessante Fahrzeug im Betriebseinsatz aufzunehmen. Doch heute habe ich frei und fahre an die Strecke, vielleicht habe ich ja Glück?

In Hainsberg angekommen, sehe ich noch, wie die Diesellok mit meinem Objekt der Begierde gerade den Bahnhof verlässt. Schade! Oder besser: Prima! Denn nun weiß ich, dass der Schneepflug bis nach „Dipps" fährt. Sofort nehme ich die „Verfolgung" im Auto auf.

Der 1988 gebaute Schneepflug der Bauart Meiningen trägt die Nummer 97-09-41 und gehört zur Bauart Bdw. Knipsen kann ich ihn heute zunächst in Coßmannsdorf. Dort heißt es schnell wieder ins Auto steigen und ordentlich Gas geben, um rechtzeitig in Rabenau einzutreffen. Geschafft, gerade als ich aus dem Auto steige, kommt auch schon der Schneepflug angefahren. Dieses Spiel wiederholt sich an dem Tag noch mehrmals, bevor ich zufrieden und mit herrlichen Winterimpressionen zurück nach Hause fahre.

**In Rabenau und Seifersdorf verrichtet der Schneepflug seinen Dienst.**
**Fotos: Armin Bellmann**

## 4.33 Hochwassertest für die „Hubbrücke“ in Obercarsdorf

21. Januar 2017: Am Ortseingang von Obercarsdorf befindet sich eine ganz besondere Brücke, welche im Hochwasserfall der Weißeritz angehoben werden kann. In einem solchen Fall rückt der Dippoldiswalder Ortsverband des Technischen Hilfswerk (THW) aus und kurbelt den Brückenüberbau nach oben.

Um für den Ernstfall gewappnet zu sein, wird heute ein Hochwasser-Test an der Brücke durchgeführt. Um bei einem schnell steigenden Weißeritz-Pegel die Durchflussmenge zu erhöhen, muss die 26 Tonnen schwere Brücke 80 cm nach oben gekurbelt werden. Prinzipiell sind nur fünf Arbeiter notwendig, einer von ihnen koordiniert das Kurbeln seiner vier Kollegen. Doch da es sich um die erste Probe handelt, sind heute 20 Helfer vom THW im Einsatz.

Zum Ablauf: Zunächst wird an der einen Seite so lange gekurbelt, bis die erste Zwischenstufe von 20 cm Höhe erreicht ist. Anschließend wird die zweite Seite ebenfalls um 20 cm erhöht, sodass sich die Brücke wieder in Gleichlage befindet. Dreimal wiederholt sich dieser Vorgang, dann ist die Maximalhöhe von 80 cm erreicht – mehr geht nicht.

Damit der Brückenüberbau zwischendurch nicht wieder absackt, wird nach jeder Erhöhung ein Träger zwischen Widerlager und Brücke geschoben. Am Ende lagern also vier Träger dazwischen. Insgesamt vier Stunden dauert diese erste Übung, bis alles geschafft ist. Da es im Gefahrenfall natürlich deutlich schneller vonstattengehen muss, soll es bald eine weitere Übung geben, bei der es im Gegensatz zu heute allerdings keine Vorankündigung geben wird, also eine Probe wie im Ernstfall. Bei dieser zweiten Erprobung wird auch getestet, ob die Brücke tatsächlich von lediglich fünf Personen in kurzer Zeit angehoben werden kann.

Der Vorgang des Brücke Anhebens für den Hochwasserschutz ist nach aktuellen Planungen bis zum Jahre 2022 notwendig. Dann wird dieses Provisorium durch eine neue, höhere Brücke ersetzt. Dafür müssen aber das gesamte Gelände umgebaut und Privatgrundstücke erworben werden, was einige Zeit dauert. Deshalb ist beim jetzigen Wiederaufbau eine derartige Umsetzung noch nicht möglich.

**So sieht es aus, wenn die Brücke um 60 Zentimeter angehoben ist. Damit sind 75 % der Maximalhöhe erreicht, um die die Brücke nach oben gekurbelt werden kann. Durch diese Technik wird die Durchflussmenge der Brücke deutlich erweitert. Dennoch ist der Bahn zu wünschen, dass ein Ernstfall nie eintritt! Fotos: Stefan Müller**

## 4.34 Die ersten „Dienstpersonenzüge“ erreichen den Endbahnhof

Nach dem Abschluss der Hauptarbeiten entlang der Strecke müssen vor der Streckeneröffnung für den öffentlichen Verkehr noch Personalschulungsfahrten zwischen Dippoldiswalde und Kurort Kipsdorf durchgeführt werden.

Diese finden vom 24. bis 28. April statt. Neben der Diesellok L45H-084 besteht der „Dienstpersonenzug“ aus den Wagen KD4 974-368 sowie KB4 970-440. Täglich gegen 9 Uhr beginnt die Bergfahrt im Bahnhof von Dippoldiswalde. Es wird langsam gefahren und an jeder Station gehalten. Schließlich soll zum Beispiel getestet werden, wo der Zug zum Halten kommen muss, damit alle Fahrgäste bequem ein- und aussteigen können. Gut 90 Minuten später ist der Endbahnhof Kurort Kipsdorf erreicht. Die Rückfahrt beginnt gegen 11 Uhr und dauert ebenfalls gut anderthalb Stunden.

Am 25. und 26. April begleite ich die Schulungsfahrten vom Auto aus. Sehr schön ist es natürlich, endlich wieder einen „Personenzug“ auf der Strecke zu erleben. Auch wenn das Wetter nicht so richtig mitspielt, bleiben diese Fahrten in besonderer Erinnerung. Schließlich dauerte es vom Hochwasser bis zum „ersten Dienstpersonenzug nach Kipsdorf“ fast genauso lange, wie von meiner Geburt bis zur Flut 2002!

Aber nicht nur ich bin fasziniert, sondern auch viele Anwohner, die sich vor ihre Häuser begeben. Auch eine Polizeistreife, die am Bahnübergang in Ulberndorf aufgrund des roten Blicklichtes halten muss, ist begeistert. Der Fahrer zückt sofort sein Tablet, um diesen historischen Moment aufzunehmen. Sein Kollege möchte dieses Video gern von ihm zugeschickt bekommen, höre ich nach der Durchfahrt des Zuges. Auch er will eine Erinnerung an dieses historische Ereignis!

**In Dippoldiswalde startet am 26. April der diesellokbespannte Zug zu seiner Personalschulungsfahrt nach Kurort Kipsdorf. An den Bahnübergängen muss besonders vorsichtig gefahren werden, schließlich gab es hier viele Jahre keinen Zugverkehr.**

**Zwischenhalt in Ulberndorf. Alles läuft nach Plan. Auch die Bahnanlagen sind bereits zum Großteil fertig.**

**Kurze Zeit später wird der Gasthof in Obercarsdorf erreicht. Fotos: Stefan Müller**

**Am Bahnübergang kurz vor dem Endbahnhof wird die Rückfahrt abgepasst. Die Ankunft im noch nicht fertigen Bahnhof Kurort Kipsdorf ist noch nicht lange her. Anders als es die Bahnsteiguhr verlauten lässt, war es jedoch nicht 12 Uhr sondern erst kurz nach halb Elf.**
**Fotos: Stefan Müller**

## 4.35 Die ersten Dampfloks erreichen das Heizhaus in Kipsdorf

5. Mai 2017: Heute sollen erstmals wieder Dampfloks in Kipsdorf zu sehen sein, so teilte es mir ein IGW-Vereinsfreund vorgestern mit. Allerdings wird kein dampflokbespannter Personenzug im Endbahnhof erwartet, sondern es handelt sich um eine Überführungsfahrt. Da im Hainsberger Lokschuppen kaum noch Platz für Arbeiten an den Fahrzeugen der SDG vorhanden ist, müssen zwei Dampfloks nach ihrem Fristablauf, die vorerst nicht für die Wiederaufarbeitung und damit für den weiteren Einsatz vorgesehen sind, nach Kipsdorf ins dortige Heizhaus umziehen.

6:00 Uhr soll die Fahrt in Hainsberg beginnen. Ich möchte den Lokzug unbedingt bei der Ankunft in Kipsdorf fotografieren. Gegen 6:30 Uhr starte ich in Schlottwitz, um rechtzeitig in Kipsdorf da zu sein. Als ich dort gegen 7:00 Uhr eintreffe, finde ich einen völlig im Nebel versunkenen Kurort vor. Da kurz vor halb acht immer noch nichts vom Zug zu hören ist, geschweige denn zu sehen, entschließe ich mich, dem Zug entgegen bis nach Buschmühle zu fahren. Gerade dort angekommen, ist er auch sogleich zu hören. Schnell laufe ich über das Gleis und schon sind die ersten „Nebelfotos" geschossen. Eine gespenstische Atmosphäre, gar nicht zum Anlass passend. Schnell zurück ins Auto. Am Zug vorbei fahre ich flott zurück zum Lokschuppen Kipsdorf. Dort stehe ich fast alleine, nur einige Mitarbeiter der SDG sind bereits anwesend. Doch der immer stärker werdende Nebel trübt die Vorfreude auf den Zug. Wenige Momente später ist dann das markante Brummen der Diesellok zu hören. Und kurz darauf taucht der Lokzug aus dem Nebel auf.

**Der Lokzug erreicht den Haltepunkt Buschmühle gegen 7:35 Uhr. Die Zuglok L45H-084 hat mit den beiden Dampfloks im Schlepp keine Mühe. Jedoch muss immer wieder geschaut werden, dass nicht ein Lager an einer der Dampfloks heiß läuft. Foto: Stefan Müller**

Der Lokzug fährt in Höhe des Lokschuppens gemächlich am Fotografen vorbei bis zum Bahnübergangsüberwachungssignal. Dort wird erst einmal angehalten.
Fotos: Stefan Müller

Kurort Kipsdorf ist erreicht. Nun wird auseinandergekuppelt und der Bahnübergang aktiviert. Schließlich muss bis zu diesem vorgezogen werden, um ins Lokschuppengleis rangieren zu können. Dieses Prozedere sollte sich bei jeder Rangierfahrt wiederholen.
Foto: Stefan Müller

Im Schlepp von L45H-084 befinden sich 99 1771-7 und 99 1746-9, die beiden Dampfloks des Eröffnungszuges von Freital-Hainsberg nach Dippoldiswalde im Dezember 2008. Die Wiedereröffnung bis Kurort Kipsdorf werden sie also nur aus dem Heizhaus „beobachten" können.
Die Uhr zeigt 7:45 Uhr, als der Zug zum Stehen kommt. Nun wird zunächst die am Schluss hängende 99 1746-9 abgekuppelt. Der enge Bogen zum Lokschuppen kann nur von einer Dampflok im Schlepp der Diesellok befahren werden, ansonsten bestünde die Gefahr des Entgleisens. Zudem ist genügend Zeit, also wird kein Risiko eingegangen.
Wenige Minuten später, nachdem der Bahnübergang gesichert ist und die Autos auf der B 170 anhalten müssen, setzt sich die L45H-084 mit der 99 1771-7 im Schlepp in Bewegung. Zuerst wird bis auf den Bahnübergang vorgezogen, um die Weiche zum Lokschuppen umlegen zu können. Als dies geschehen ist, setzt sich die Diesellok ganz langsam in Bewegung. Mit großer Vorsicht wird die erste Dampflok auf das linke Lokschuppengleis geschoben. Vor dem Heizhaus wird angehalten und die „771" abgekuppelt.
Kurze Zeit später wiederholt sich das gesamte Prozedere mit der „746", wobei diese auf dem rechten Gleis abgestellt wird. Für einige Erinnerungsfotos stehen nun beide Maschinen kurzzeitig nebeneinander. Jeder der anwesenden Mitarbeiter schießt Erinnerungsfotos – ich natürlich auch. Schon wenige Minuten später, als alle Fotos im Kasten sind, kuppelt die Diesellok wieder an die „746" an und bringt diese ebenfalls auf das linke Gleis. Anschließend werden beide Dampfloks gemeinsam in den Lokschuppen gedrückt und die Heizhaustore geschlossen.

**Die erste Maschine wird auf das linke Gleis geschoben. Es handelt sich um 99 1771-7, die erstgebaute „Neubaulok". Nun ist ihr Feuer für längere Zeit erloschen. Doch zumindest steht sie im Kipsdorfer Lokschuppen geschützt. Foto: Stefan Müller**

**Und schon wird auch die „746“ zum Lokschuppen geschoben. Für einen kurzen Moment stehen die beiden Dampfloks nebeneinander, als würden sie sich bei einer Lokparade präsentieren. Links die „Neubaulok“, rechts die „Einheitslok“. Beim Personal sind die „Einheitsloks“ beliebter, obwohl sie deutlich älter sind… Gleich verschwinden beide Maschinen auf dem linken Schuppengleis und die Tore werden sich für längere Zeit schließen.**
**Fotos: Stefan Müller**

## 4.36 Erster Dampfzug nach Kurort Kipsdorf seit der Flut 2002

11. Mai 2017: Ein Tag, der in die Geschichte der Weißeritztalbahn eingehen wird! Denn am heutigen Donnerstag um 13:50 Uhr erreicht bei strahlendem Sonnenschein erstmals wieder ein Dampfzug seit 14 Jahren, 8 Monaten und 29 Tagen – oder 5.387 Tagen – den Bahnhof Kurort Kipsdorf. Vor zwei Tagen erhielt ich von einem Vereinskollegen diese tolle Nachricht. Er teilt mir mit, dass der Mittagszug an diesem Tag mit zwei Lokomotiven verkehren soll, wobei eine davon mit einigen Wagen nach Kurort Kipsdorf fahren wird. Ob ich nicht Zeit hätte, ein paar Fotos anzufertigen? Na klar! Ist doch selbstverständlich, dass ich mir dieses Highlight nicht entgehen lassen werde. Schließlich wird der „erste Dampfzug" nach Kipsdorf für immer in Erinnerung bleiben!

Also schnappe ich mir zwei Tage später die Fotoausrüstung und fahre an die Strecke. Das erste Bild wird noch im unteren Streckenabschnitt, an der Ratsmühle in Dippoldiswalde, angefertigt. Denn ein von zwei Dampfloks bespannter Zug ist ja auch ein sehr seltener Anblick.

Pünktlich 12:57 Uhr erreicht der Zug P 5004 den Bahnhof Dippoldiswalde und kurze Zeit später bin auch ich da. Die Planlok 99 1793-1 füllt bereits ihre Wasservorräte auf. Anschließend rollt 99 1777-4 mit ihren aus den drei Wagen KB 970-441, KB 970-501 und GGw 97-13-30 bestehenden Zug an den Wasserkran. Währenddessen setzt die „793" bereits um und fährt kurze Zeit später zurück nach Hainsberg. Doch dafür interessiere ich mich heute nicht, denn das Ziel heißt ja endlich wieder KIPSDORF!

Nach dem Auffüllen der Vorräte der „777" entfernt die Zugführerin Frau Manz exakt um 13:14 Uhr die Streckensperrscheibe, sodass 13:17 Uhr der Dampfzug seine Reise nach Kipsdorf

**An der Ratsmühle in Dippoldiswalde sind beide Züge vereinigt unterwegs, sodass der P 5004 eine stattliche Länge erreicht. Foto: Stefan Müller**

beginnen kann. Jedoch wird gleich wieder angehalten, denn eigentlich soll die Sperrscheibe wieder aufgestellt werden, da die Strecke offiziell weiterhin gesperrt bleibt und noch nicht freigegeben wird. Doch die Scheibe ist zu schwer für Frau Manz, also bleibt sie neben dem Gleis liegen. Nach dem Zustieg der Zugführerin kann es um 13:20 Uhr nun endgültig losgehen. Einige Fotografen sowie zahlreiche Anwohner, die das Pfeifen der Dampflok hören, stehen entlang der Strecke und jubeln dem unerwartet verkehrendem Zug zu, als wäre es die offizielle Wiedereröffnung. Doch dies ist nicht der Fall, es ist „lediglich" der erste Personenzug nach Kipsdorf seit dem 12. August 2002. Dennoch ist v. a. bei den zum Bahnhof geeilten Kipsdorfer Einwohnern die Freude groß, als sie den Dampfzug in Empfang nehmen. Wenige Minuten nach Ankunft des Zuges bringt Ralf Kempe, der Vorsitzende der IG Weißeritztalbahn, ein Erinnerungsplakat an der Lokomotive an. Darauf ist zu lesen: „11. Mai 2017. Erster Dampfzug seit 2002 im Kurort Kipsdorf. Gute Fahrt – IG Weißeritztalbahn e. V." Besucher und Fotografen schießen unzählige Bilder. Auch das Zugpersonal, Lokführer Raimo Pohlmann, Heizer Mike Kreß und Zugführerin Jaqueline Manz, stellen sich zu einem Erinnerungsfoto auf.
Bei dieser ersten Fahrt handelte es sich ganz exakt betrachtet um einen Leerzug, denn erst in Kipsdorf steigen nun die Fahrgäste, Eisenbahnbetriebsleiter aus der gesamten Bundesrepublik, die zu einer Tagung in der Region weilen, zu einer Sonderfahrt ein. 15 Uhr beginnt die Reise nach Dippoldiswalde, von wo es nach einem kurzen Wasserhalt wieder zurück nach Kipsdorf geht. Unterwegs wird der Wiederaufbau thematisiert, wofür mehrere Halte an wichtigen Punkten eingelegt werden. Am späten Nachmittag erreicht der Zug zum zweiten Mal den Bahnhof Kurort Kipsdorf, wo die Fahrgäste den Zug verlassen. Anschließend fährt der Zug leer zurück.

**Im Bahnhof Dippoldiswalde wird kurz darauf 99 1793-1 abgekuppelt. Hier ist sie beim Wassernehmen zu sehen. Der Wagenzug wird hinter dem dritten Wagen geteilt. Wenig später bricht 99 1777-4 mit ihrem Sonderzug zur Fahrt nach Kipsdorf auf. Foto: Stefan Müller**

**FAHRT FREI! Der „1. Dampfzug nach Kurort Kipsdorf“ seit dem 12. August 2002 startet in Dippoldiswalde, nachdem Frau Manz das Gleis entsperrt hat. Dieses symbolträchtige Prozedere beobachten nur wenige Fotografen. Schnell wird noch ein Bild vom ausfahrenden Zug angefertigt, bevor es mit dem Auto an die „Verfolgung“ des Sonderzuges geht. Fotos: Stefan Müller**

13:30 Uhr passiert der Sonderzug die „Hubbrücke" in Obercarsdorf. Einige Fotografen und Filmer haben sich an diesem markanten Punkt eingefunden, um die besondere Fahrt festzuhalten. 20 Minuten später erreicht 99 1777-4 mit ihren drei Wagen bereits das Stellwerk des Endbahnhofes Kurort Kipsdorf und wird wiederum von mehreren Fotografen und Filmern in Empfang genommen. Kurz darauf schmückt ein vom IGW-Vorsitzenden Ralf Kempe angebrachtes Plakat die Rauchkammertür der „777". Fotos: Stefan Müller

Kurort Kipsdorf ist erreicht! Das Erinnerungsplakat wird zum Fotomotiv. Kurze Zeit später wird die Lok umgesetzt. Wasser kann allerdings nicht genommen werden, da die Wasserversorgung noch nicht wieder funktioniert. Fotos: Stefan Müller

### 4.37 Im Eröffnungszug nach Kurort Kipsdorf

17. Juni 2017: Auf diesen Tag habe ich fast 15 Jahre warten müssen. Doch jetzt ist es soweit, ab heute fährt die Weißeritztalbahn wieder regulär bis zum Kurort Kipsdorf. Da ich inzwischen für das Eisenbahn-Magazin DREHSCHEIBE arbeite, habe ich die Möglichkeit, im Eröffnungszug mitzufahren. Begleitet werde ich bei diesem „Arbeitseinsatz" von meinem Vater sowie dem bekannten Eisenbahnfotografen „Karli" Wolf aus Zwickau. Wir drei freuen uns schon viele Tage im Voraus darauf, gemeinsam mit dem Eröffnungszug zu fahren. Während „Karli" bereits ab Hainsberg im Zug sitzt, stoßen Papa und ich in Dippoldiswalde dazu, denn hier wird die Eröffnung im festlichen Rahmen begangen. Einige Politiker sammeln sich auf dem Bahnsteig und steigen zunächst in den Führerstand der Zuglok 99 1793-1. Auch an der Vorspannlok 99 1734-5 wird fleißig fotografiert.

**Die Bürgermeister der anliegenden Gemeinden sowie Andrea Dombois (Vizepräsidentin des Landtages) und Martin Dulig (Verkehrsminister von Sachsen) präsentieren sich den Fotografen.**
**Fotos: Jörg Müller**

Nach einer kurzen Ansprache übergibt Dr. Henkel, der Landesbeauftragte für Bahnaufsicht in Sachsen, die Betriebserlaubnis für den oberen Streckenabschnitt an den SDG-Geschäftsführer Roland Richter sowie den örtlichen Betriebsleiter Mirko Froß (Foto: Jörg Müller).

Anschließend spannen Mitarbeiter des Verkehrsverbundes Oberelbe ein Band vor der Lok auf, welches kurz darauf von den Ehrengästen zerschnitten wird.
Damit ist der Streckenabschnitt nach Kipsdorf symbolisch freigegeben! Um diesen Moment aus einer besonderen Perspektive festzuhalten, klettere ich auf einen im Bahnhof abgestellten Schotterwagen. Von dort oben ist die Sicht natürlich spitze.

11:30 Uhr setzt sich unser Zug mit einem langen Pfiff wieder in Bewegung. Wir stehen am Fenster und beobachten, wie hunderte Menschen dem Zug zuwinken. Ein toller Anblick! In diesem Moment merkt man so richtig, wie die Eisenbahn den Bewohnern im oberen Weißeritztal in den vergangenen 15 Jahren gefehlt hat.

Herrlich ist das Gefühl, als wir über das Schmiedeberger Viadukt fahren. Der Blick geht zur wunderschönen George-Bähr-Kirche und anschließend zu den Fotografen, die links und rechts der Brücke stehen und sich förmlich um die besten Fotoplätze drängeln.

15 Minuten später fahren wir in den proppenvollen Bahnhof Kurort Kipsdorf ein! Was für ein tolles Gefühl, diese begeisterte und jubelnde Menschenmenge zu sehen! Auch in unserem Wagen freuen sich alle, dass Kipsdorf wieder auf Schienen erreichbar ist.

**Blick aus dem fahrenden Zug. Oben über den Dächern von Schmiedeberg, unten kurz vor dem Endbahnhof.**
**Fotos: Stefan Müller**

Im hiesigen Bahnhof folgt die Fortsetzung der Feierlichkeiten. Auf dem Bahnsteig spielen schon die Blasmusikanten der Band „Charlies Mannen“. Im aufgebauten Festzelt warten unterdessen fleißige Helferinnen mit Sektgläsern auf die Gäste des Eröffnungszuges.
Doch lange verweile ich hier nicht, schließlich interessieren mich die Aktivitäten auf dem Bahnhof mehr! Und so werden noch viele Fotos von diesem denkwürdigen Tag angefertigt!

**Der Eröffnungszug ist angekommen und wird von hunderten Menschen empfangen. Für das leibliche Wohl ist bestens gesorgt und zur Freude der Gäste wird Blasmusik gespielt.**
**Fotos: Jörg Müller / Stefan Müller**

**Charlies Mannen sorgen für gute Unterhaltung im Bahnhof Kipsdorf. Unten: Das bestens gelaunte VVO-Maskottchen in Dippoldiswalde sowie die Fahrkarte für den Eröffnungszug. Fotos / Sammlung: Stefan Müller**

## 4.38 Mit Dixie-Klängen durch den Rabenauer Grund

*(von Kevin Steckel)*

17. Juni 2017: Heute findet nicht nur die Wiedereröffnung der Weißeritztalbahn bis zum Kurort Kipsdorf statt, sondern es verkehrt auch der von unserer IG Weißeritztalbahn organisierte „7. Dixieland-Sonderzug“. Diese Veranstaltung erfreut sich nun bereits seit einigen Jahren großer Beliebtheit und so überrascht es nicht, dass auch in diesem Jahr der Zug wieder sehr gut ausgelastet ist. Die Fahrgäste haben bei bestem Sommerwetter viel Freude an der Musik der Blue Dragons Jazzband aus Dresden sowie dem zusätzlich engagierten Saxophonisten Arthur Brouns, der ebenfalls sein Können unter Beweis stellt. Der in den Zug eingereihte offene Güterwagen OOw 97-23-37 dient als Bühne für die Musiker und der nebenan befindliche Aussichtswagen als Tanzfläche für unsere Gäste. Aber nicht nur das Publikum im Zug ist begeistert, auch auf den Bahnhöfen haben sich viele Interessierte eingefunden, um bei den kurzen Zwischenstopps den Klängen der Dixiemusik zu lauschen. Nach wenigen Minuten geht es jeweils weiter, schließlich soll der Zug bis Dippoldiswalde fahren und irgendwann auch wieder zurück nach Freital-Hainsberg.

Für viele Gäste vergehen die Stunden wie im Fluge und auch wenn sie sich wohl am liebsten noch die ganze Nacht lang im Zug amüsiert hätten, endet doch irgendwann, und zwar für die meisten viel zu früh, die Fahrt in Freital. Die meisten der Fahrgäste wissen bereits jetzt, dass sie auch im kommenden Jahr wieder dabei sein werden, wenn unser „Dixieland-Sonderzug“ erneut auf Reisen gehen wird.

**Zwischenhalt im Bahnhof Rabenau. Die Begeisterung ist überall zu spüren: in unserem Sonderzug, im Planzug, der hier kreuzt, sowie bei den „Zaungästen“ auf dem Bahnsteig. Foto: Steckel**

## 4.39 Zwei IV K im Bahnhof Kipsdorf und die Speicherkarte versagt...

15./16. Juli 2017: Erstmals wird das Schmalspurbahnfestival der Weißeritztalbahn auf der gesamten Strecke von Freital-Hainsberg bis Kurort Kipsdorf gefeiert. Fast auf allen Bahnhöfen wird den Festivalbesuchern etwas geboten, wie beispielsweise „Ziehen einer Lok mit Muskelkraft“ in Freital-Hainsberg, Souvenirstände, Bastelangebote für Kinder sowie Blasmusik in Dippoldiswalde und Kipsdorf.

Für Eisenbahnfreunde ist der Traditionszug an diesem Wochenende das Highlight, schließlich bespannen den aus Radebeul-Ost überführten Zug gleich zwei IV K-Lokomotiven, die „132“ von der Traditionsbahn Radebeul sowie die „145“ aus Zittau. Samstag ist die „145“ als Zuglok, die „132“ als Vorspannmaschine im Einsatz, Sonntag wird getauscht. Allerdings scheint die Vorspannmaschine nicht so viel Glück zu haben, denn bei ihr treten jeweils kleine Probleme auf. Samstag liegen die Lokpersonale in Obercarsdorf unter der „132“, am Sonntag in Rabenau unter der „145“. Doch jeweils nach gut 10 Minuten ist der Schaden behoben, sodass nahezu planmäßig gefahren werden kann. Besonders viele Fotografen und Filmer begleiten die täglich nur einmal stattfindende Fahrt dieses Zuges bis zum Endbahnhof. Auch Papa und ich lassen uns das nicht entgehen. Viele schöne Fotos werden geschossen, doch zu Hause dann der Schock. Meine Speicherkarte ist hinüber, keines der Fotos kann wiederhergestellt werden, Totalverlust! Doch zum Glück hat Papa mit seiner Kamera ebenfalls einige herrliche Aufnahmen angefertigt, sodass der Verlust nicht ganz so tragisch ist.

**Mit Volldampf wird der Bahnhof Obercarsdorf erreicht. Hier wird einige Minuten gehalten, denn eine Zugkreuzung ist vorgesehen. Foto: Jörg Müller**

**Viele Fahrgäste und Fotografen beobachten im Bahnhof von Kipsdorf das Wassernehmen der kleinen IV K-Lokomotiven. Ein Extra-Rohr sorgt dafür, dass das Wasser auch dort landet, wo es hin soll. Fotos: Jörg Müller**

Mit neuer Speicherkarte bin ich am Sonntag wieder unterwegs und kann noch einige „eigene" Fotos von diesem Event anfertigen. Die Erkenntnis des Wochenendes ist, dass es richtig gut war, dass wir zu zweit auf Fototour gegangen sind!

**Vor der Kulisse der Rabenauer Mühle und beim Verlassen des Bahnhofs Dippoldiswalde kann ich am Sonntag den Traditionszug bei herrlichem Wetter ablichten. Fotos: Stefan Müller**

## 4.40 Eine 90-jährige kehrt zurück

30. September 2017: Erstmals seit über 10 Jahren kommt die VI K 99 713 wieder im Weißeritztal zum Einsatz. Diese Lok hat eine langjährige Beziehung zur Weißeritztalbahn, denn die „90-Jährige" stand schon in ihrer „Kinderzeit" hier im Einsatz.
Zunächst war die von der Sächsischen Maschinenfabrik vormals Richard Hartmann unter der Fabriknummer 4670 gebaute und 64.000 Reichsmark teure Lok seit ihrer Anlieferung am 8. März 1927 in Zittau stationiert. Acht Tage später fand dort ihre Endabnahme statt, sodass sie fortan Züge ins Zittauer Gebirge bespannte. 1929 verschlug es die Lok kurzzeitig nach Heidenau zur Müglitztalbahn. Doch noch im selben Jahr kam sie in Hainsberg bei der Weißeritztalbahn an und bespannte für einige Jahre die Züge nach Kurort Kipsdorf, bevor die VI K-Lokomotiven auf unserer Strecke durch die stärkeren Einheitslokomotiven abgelöst wurden. Von 1933 bis 1935 war die „713" wieder im Zittauer Gebirge zu finden, bevor sie zum zweiten Mal ins Müglitztal kam. Hier bespannte sie noch bis 1938 Schmalspurzüge zwischen Heidenau und Altenberg und sogar bis 1940 Güterzüge im unteren Müglitztal. Ihre weiteren Stationen waren Nossen (bis 1946), das Bw Dresden-Altstadt sowie von 1951 bis 1972 das Wilsdruffer Schmalspurnetz. Im Gegensatz zu vielen ihrer Schwestern sollte sie nicht das gleiche Schicksal erleiden und verschrottet werden, denn ab 1975 war sie Traditionslok in Radebeul Ost auf der Lößnitzgrundbahn. Neben Einsätzen auf der dortigen Strecke nach Radeburg kehrte sie auch mehrmals zur Weißeritztalbahn zurück, wo sie u. a. nach der Jahrhundertflut zwischen Seifersdorf und Dippoldiswalde im Sonderzugverkehr zum Einsatz kam.
Seit 2004 gehört die Lok der SDG. Bis 2007 kam die Maschine vor allem in Radebeul zum Einsatz. Anschließend stellte sie die SDG im Heizhaus in Radeburg ab, beziehungsweise verlieh sie später als Ausstellungsobjekt in den Museumslokschuppen nach Wilsdruff.
In den Jahren 2016 und 2017 ließ die SDG die Dampflok aufarbeiten. Am 29. Februar 2016 begannen die Arbeiten in der Lokwerkstatt Oberwiesenthal. Nach fast anderthalb Jahren, rund 7.000 Arbeitsstunden und der Investition von circa 400.000 Euro fuhr 99 713 am 6. Juli 2017 erstmals wieder aus eigener Kraft. Zuvor erhielt sie bei ihrer Aufarbeitung ihr Aussehen aus der Zeit um 1966 zurück, sodass sie perfekt zum Altbauwagenzug der SDG passt, mit dem sie auch heute im Weißeritztal unterwegs ist.

Bei der 99 713 handelt es sich aktuell um die einzige Schmalspurlokomotive in Sachsen mit drei Zugbremssystemen.

**In der Lokwerkstatt Oberwiesenthal konnte die VI K 99 713 in den Jahren 2016 und 2017 unter Federführung von André Dörfelt (r.) aufgearbeitet werden, sodass sie nun bis 2025 wieder Züge bespannen darf. Foto: Stefan Müller**

Neben der neu eingebauten Druckluftbremse Bauart Knorr mit Zusatzbremse sind bei ihr auch die Körting-Saugluftbremse und die Heberlein-Seilzugbremse installiert.
Zurück zum heutigen Tage: Nach langer Pause darf die „713“ nun also endlich wieder das ihr so vertraute Weißeritztal bereisen. Herrlicher Sonnenschein sowie perfekte Laubfärbung lassen diesen Tag zu etwas besonderem werden. Auch an den folgenden drei Tagen darf die „alte Dame“ zeigen, was in ihr steckt. Tausende Gäste fahren an diesem langen Wochenende mit der Weißeritztalbahn, wobei die von der VI K gezogenen Züge fast immer komplett ausgelastet sind. Und auch scharenweise Fotografen sind von der Lok begeistert und schießen ein Foto nach dem nächsten. Ein kleiner Bilderbogen vom Einsatz der VI K auf dem oberen Abschnitt der Weißeritztalbahn soll deshalb diese Geschichte abrunden.

**Mächtig Dampf erzeugt die VI K bei ihrer Fahrt zwischen Ulberndorf und Obercarsdorf. Am Gasthof Obercarsdorf wird sie bereits von einigen Fotografen erwartet. Fotos: Stefan Müller / Florian Walther**

**Die Einfahrt des VI K-Zuges in Schmiedeberg-Naundorf wird bereits von mehreren Fotografen erwartet.**
**Foto: Stefan Müller**

**Im Bahnhof Kurort Kipsdorf warten viele Schaulustige auf die Ankunft des Zuges. Als sie zum zweiten Mal an diesem Tag den Endbahnhof erreicht, ist die Sonne hinter dem Berg verschwunden.**
**Fotos: Sebastian Fischer (30.09.2017)**

## 4.41 Die IG Weißeritztalbahn räumt auf

*(von Kevin Steckel)*

14. November 2017: Vom 10. bis 14. November findet in diesem Jahr die alljährliche Sperrpause auf der Weißeritztalbahn statt. Wir als IG Weißeritztalbahn nutzen den Umstand, dass in dieser Zeit das Gleis offiziell als „Baugleis“ gilt, um die im Bahnhof Kurort Kipsdorf abgestellten Wagen abzutransportieren.

Doch der Reihe nach: Am Morgen startet die SDG die Überführung der schon lange nicht mehr betriebsfähigen 99 780 von Freital-Hainsberg in das Heizhaus nach Kipsdorf. Dort befinden sich bereits ihre Schwestern 99 746 und 99 771, es wird also langsam eng im Lokschuppen, zumal sich im Laufe des Tages auch noch der Schneepflug 97-09-57 dazugesellt. Doch für uns Mitglieder der IG Weißeritztalbahn ist viel wichtiger, dass nun die betriebsfähige Dampflok der SDG in Kipsdorf steht. Mit dem Betreiber der Weißeritztalbahn ist deshalb abgesprochen, dass die Lok nicht leer zurück nach Hainsberg fährt, sondern die seit Jahrzehnten im Endbahnhof abgestellten und unserem Verein gehörenden Güterwagen mit nach Dippoldiswalde nimmt. Eigentlich wäre dafür eine aufwendige und kostspielige Rollfähigkeitsuntersuchung notwendig. Diese entfällt jedoch, da sie für eine Fahrt über ein „Baugleis“ nicht notwendig ist. So sparen wir also Kosten und können dennoch die leider recht heruntergekommenen Güterwagen 97-21-84, 97-10-12 (beide Stahl-OO), 97-22-89 (Hochbord OO), 97-22-20 (Holz-OO) sowie 97-14-70 (GGw) nach Dippoldiswalde überführen, wo wir sie hoffentlich bald einer Aufarbeitung unterziehen können. Denn für den Schrott sind sie eindeutig zu wertvoll!

**99 1793-1 passiert mit der kalten 99 780 und einem Packwagen im Schlepp die Ruine der Ratsmühle in Dippoldiswalde. Dabei lässt sich auch kurz die Sonne blicken. Foto: Kevin Steckel**

**Vier Dampfloks gleichzeitig in Kipsdorf, wann gab es das wohl zuletzt? Allerdings sind sowohl die beiden im Heizhaus stehenden Maschinen als auch die 99 780 nicht mehr betriebsfähig. Lediglich 99 1793-1 wird in den kommenden Jahren Personenzüge nach Kipsdorf befördern. Unten sehen wir eine „Lokparade“ vor dem Heizhaus. Fotos: Kevin Steckel / Gerd Göpfert**

**Nach einigen Rangierarbeiten im Bahnhof Kurort Kipsdorf startet am späten Nachmittag die Überführung der Güterwagen vom bisherigen Standort zum Bahnhof Dippoldiswalde, hier aufgenommen in Obercarsdorf. Fotos: Gerd Göpfert**

## 4.42 Abschiedsfahrt der „734“

*(von Johannes Mühle)*

25. November 2017: Acht Jahre hat die 99 1734-1 zuverlässig ihren Dienst im Weißeritztal seit ihrer letzten Hauptuntersuchung absolviert, doch damit ist jetzt Schluss. Denn spätestens nach dieser Zeitspanne wird eine neue Hauptuntersuchung, kurz HU genannt, fällig.
Zum Abschluss darf die 1928 von der Sächsischen Lokomotivfabrik vormals Richard Hartmann unter der Fabriknummer 4681 gebaute Lok am heutigen Tag einen Sonderzug des Verbandes Deutscher Eisenbahn-Ingenieure e. V. Bezirk Sachsen bespannen. Somit erreicht die Einheitslok, welche im Oktober 1964 einen Neubaukessel erhielt, letztmals vor ihrer Aufarbeitung aus eigener Kraft den Bahnhof in Kipsdorf.
Die Weißeritztalbahn ist die Stammstrecke der „734“. Hier war sie fast ihr gesamtes Lokleben über im Einsatz. Wann sie es wieder sein wird, steht am heutigen Tage noch nicht fest. Sicher ist lediglich, dass sie wieder aufgearbeitet wird, sobald auf unserer Strecke Bedarf für eine weitere Dampflok besteht. Dies kann aber noch einige Jahre dauern, schließlich wird im Dezember die 99 1762-6 als dritte Maschine den Betriebspark der Weißeritztalbahn (vorübergehend) vervollständigen. Und weil es eben unklar ist, wann die Lok wieder dampfen wird, bin ich heute trotz des miesen Wetters ins Weißeritztal gefahren, um einige Abschiedsfotos anzufertigen. Schön anzusehen ist der Wagenpark, denn die „734“ ist mit dem Altbauwagenzug unterwegs. Ein schöner Abschied, bei dem eigentlich nur die Sonne fehlte.

**Bei der Abschiedsfahrt wird der Bahnhof Dippoldiswalde erreicht. Foto: Johannes Mühle**

**Mit Volldampf geht es durch Schmiedeberg-Naundorf dem Endbahnhof Kurort Kipsdorf entgegen. Das dortige Stellwerk bietet einen schönen Rahmen für das letzte Abschiedsfoto. Fotos: Johannes Mühle**

## 4.43 Salons auf schmaler Spur

*(von Karl-Heinz Metzner)*

Dezember 2017: Inzwischen gehört der in den Farben Leuchthell orange/Elfenbein gestaltete Salonwagen wieder zum gewohnten Bild der Weißeritztalbahn. Nach einem mehrjährigen Auswärtseinsatz bei der Preßnitztalbahn (Jöhstadt - Steinbach) wird er nun wieder gelegentlich den Zügen nach Kurort Kipsdorf beigestellt. Gerade an Wochenenden und Feiertagen ist er häufig im Einsatz zu erleben. Ideal geeignet ist er für Familien und Gruppen, die eine Festivität bei einer Fahrt mit der Weißeritztalbahn feiern wollen, denn er bietet maximal 31 Personen Platz und kann ohne Aufpreis genutzt werden, allerdings müssen sich mindestens 15 Personen anmelden, damit der mit Tischen ausgestattete Wagen zum Einsatz kommt. Für die Beköstigung kann sogar ein Catering bestellt werden. Interessant zu wissen ist aber, dass es sich nicht um den „originalen" Salonwagen handelt, vielmehr ist es der Nachfolger des Originals.

**Am 27. Dezember 2017 hat der von 99 1777-4 bespannte P 5000 soeben den Endbahnhof Kurort Kipsdorf erreicht. Am Zugende befindet sich der Salonwagen 970-445, welcher unten als H0e-Modell zu sehen ist.**
**Fotos: Stefan Müller/ Karl-Heinz Metzner**

Zur Historie der beiden Salonwagen: Das Original (970-442 / gebaut 1930 in Bautzen) war 1977 zur 95-Jahr-Feier als Wagen für die Mitglieder der Arbeitsgemeinschaft 3/67 des Deutschen Modelleisenbahnverbandes der DDR (DMV/heute IG Weißeritztalbahn e. V.) entstanden.

**Karl-Heinz Metzner besuchte mehrfach die Weißeritztalbahn. Bei einem seiner Aufenthalte konnte er diese interessante Komposition von Schmalspur- und Normalspurfahrzeugen in Freital-Hainsberg ablichten.**

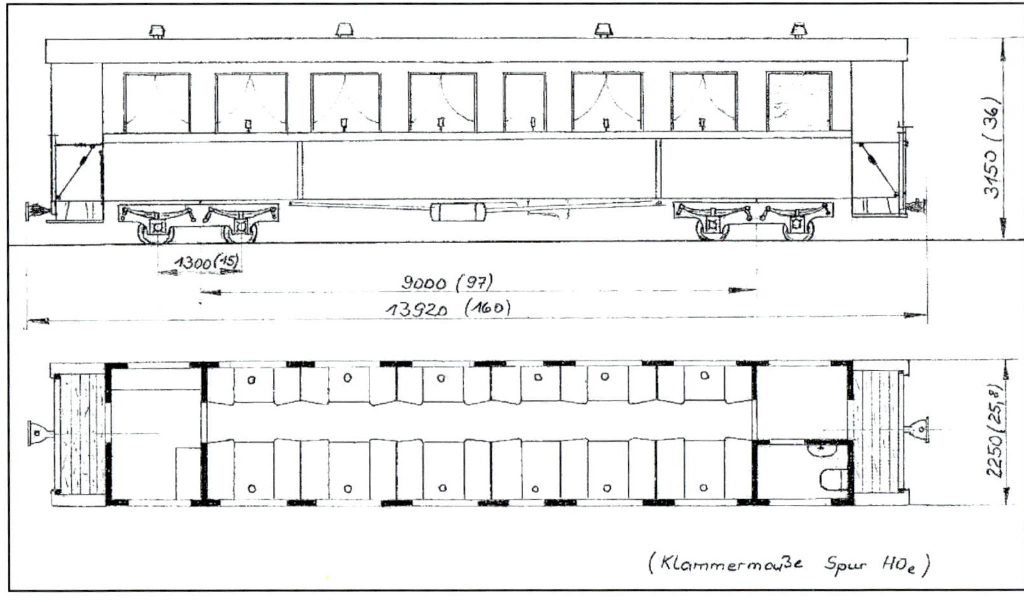


**Für die Teilnahme am Internationalen Modellbahn-Wettbewerb 1983 in Budapest erstellte Karl-Heinz Metzner diese Maßskizze des Salonwagens.**

**Die Mitfahrt im Salonwagen ist ein Garant für gute Stimmung. Vielleicht trug hier auch der Gerstensaft aus einer bekannten sächsischen Brauerei mit dazu bei?!**
**Foto: Bürgerhaus Bahnhof Kipsdorf**

**In den 1980er Jahren gab es stilechte Servietten im Salonwagen.**
**Sammlung: Karl-Heinz Metzner**

Ich erfuhr davon von Hans-Gerhard Heinicke (auch bekannt als „Maus“) aus Karl-Marx-Stadt. Er sagte: Jetzt haben die Hainsberger Freunde auch einen Clubwagen und den haben sie in den Städteexpresswagen-Farben lackiert. Das ärgerte die sonst bevorzugten Radebeuler Eisenbahnfreunde ein wenig, denn die wollten überall die „Kings“ sein, so sagten wir das damals unter uns Eisenbahnfreunden. Daraufhin habe ich auf einer Zugfahrt von Dresden aus besonders Ausschau nach diesem Wagen gehalten und ihn auch gesehen.

Einige Jahre später las ich in einer Zeitung, dass der Originalwagen nicht mehr im Einsatz stand (er wurde 1983 zum Bahndienstwagen 979-026 umgebaut). Dafür gab es einen Nachfolger (970-445 / gebaut 1930 in Bautzen), der 1980 ebenfalls in den Städteexpress-Farben lackiert wurde und seitdem als Clubwagen unterwegs war.

Das war dann mit ausschlaggebend für mich, mir aus einem HERR-Wagen diesen Salonwagen mit Inneneinrichtung umzubauen. Ein Problem zu DDR-Zeiten war die Beschaffung der richtigen Farbe. Ich fand keine passende Farbe, um das Plastemodell originalgetreu zu lackieren. Ein Arbeitskollege gab mir daraufhin den Tipp: „Versuche es doch einmal mit Glasfarbe.“ Und das funktionierte sehr gut. Allerdings musste ich vorher noch den exakten Farbton analysieren. Meine Schwiegermutter war eine Hobby-Schneiderin und hatte eine große Knopfsammlung. Nachdem ich mir im Vorfeld eine Auswahl von Farben für mein Modell herausgesucht hatte, bin ich dann abends auf den Hauptbahnhof Karl-Marx-Stadt gegangen und habe dort auf den Städteexpress gewartet. Nach Einfahrt des Zuges (er fuhr nach wenigen Minuten Aufenthalt weiter nach Zwickau), habe ich in meiner Sammlung einen Knopf gefunden, der mit der Originalfarbe der Wagen übereinstimmte. Einige haben mich wahrscheinlich als „Spinner“ angeschaut, was ich da mit den Knöpfen machte. Selbst der Mann mit der roten Mütze interessierte sich für meine Aktion. Nachdem ich ihm erklärte, dass ich als Modelleisenbahner so einen Wagen im Modell lackieren will, war er beruhigt und ließ mich gewähren. Wer weiß, welche Gedankengänge er hatte.

Das nächste Problem war die Beschriftung des Modells. Individuelle Abziehbilder auf privaten Einzelwunsch fertigte in der DDR niemand – das war nicht gewollt. Was tun? Die HERR-Wagen hatten eine erhobene Beschriftung. Also habe ich in einer Sisyphusarbeit mit einer Nadel Punkt für Punkt die Beschriftung aufgetragen. Daran bin ich bald verzweifelt, aber es hat dann doch prima geklappt.

1983 habe ich mich zum Internationalen Modellbahn-Wettbewerb in Budapest mit dem Modell beworben. Dazu war es notwendig, dieses und eine Dokumentation mit Zeichnung und Fotos beim DMV zur Bewertung einzureichen. Die Fotos waren zwar in schwarz/weiß, aber die Prüfer vom DMV haben das akzeptiert. Mit dem Modell waren sie auch zufrieden, sodass es zum Internationalen Wettbewerb zugelassen wurde. Und dort gewann ich sogar einen Ehrenpreis – das war schon etwas!

Die Inneneinrichtung habe ich mir übrigens aus Papier zurecht gezaubert. Meine Frau meinte nach dem Wettbewerb nur: „Du warst dumm, Du hättest das Dach nicht festkleben sollen, damit die die Inneneinrichtung hätten sehen können." Ich erwiderte nur: „Die Prüfer konnten doch durch das Fenster reinschauen." Aber im Nachhinein musste ich meiner Frau Recht geben!

Um den Kritikern beim Betrachten des Modells „den Wind" vorab aus den Segeln zu nehmen: Ich habe Ende der 1990er Jahre die Drehgestelle und die Kupplungen gegen die von der Fa. technomodell ausgewechselt. Es ist ein Vitrinenmodell und so soll es auch bleiben. Leider hat sich im Laufe der Jahre die Farbe der Gardinen verändert, sie waren einmal hellblau.

Erst im Jahr 2005 gab es den Wagen dann übrigens als H0e-Industriemodell von der Meißner Firma Präzisionsmodellbau Rudolf-Heinrich. Dieser wird wohl noch heute auf so mancher Modellbahnplatte seine Runden drehen. Doch mein Modell ist ein Unikat und deshalb für mich besonders wertvoll.

Mein letztes Modell in der Spur H0e zur Weißeritztalbahn entstand nach der Lektüre des Bildbandes „Die neue Weißeritztalbahn". Dort wird auf Seite 28 ein Bahnmeisterwagen vorgestellt. Nur von den Fotos her – Maße lagen mir keine vor – habe ich mir eine Zeichnung erstellt und dann ein Modell zusammengebaut. Noch heute freue ich mich, dass es mir dennoch sehr gut gelungen ist.

**Nebenstehend ist der von Karl-Heinz Metzner gefertigte Bahnmeisterwagen zu sehen.**

# 5 Fahrpläne im Wandel der Zeit

Das Wichtigste für den Fahrgast bei der Planung seiner Reise ist die Kenntnis der Abfahrts- und Ankunftszeiten. Fahrpläne verändern sich im Laufe der Zeit, deshalb soll an dieser Stelle eine kleine Auswahl an historischen sowie aktuellen Dokumenten wiedergegeben werden. Aus der Anzahl der täglich verkehrenden Züge lässt sich gut ableiten, welchen Wert die Weißeritztalbahn in verschiedenen Epochen für die Bevölkerung sowie Touristen besaß, beziehungsweise heutzutage besitzt. So war es vor gut 20 Jahren noch üblich, mit der Schmalspurbahn zur Arbeit zu fahren. Diese Zeiten sind vorbei, entsprechend zusammengeschrumpft ist das aktuelle Zugangebot. Doch für den Tourismus in der Region ist die Schmalspurbahn auch heute noch unverzichtbar!

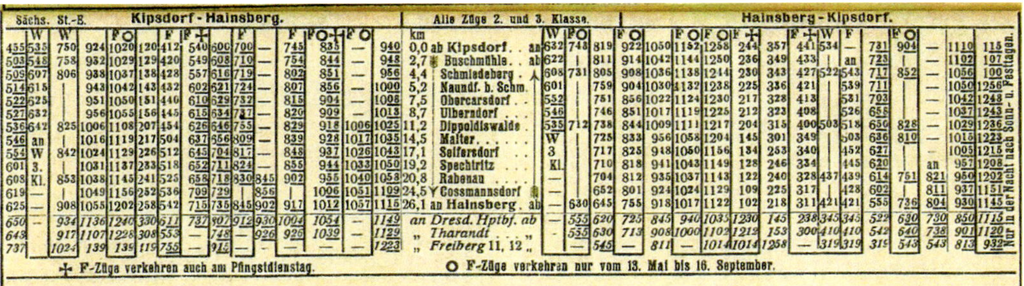

Sächs. St.-E. Kipsdorf - Hainsberg. | Alle Züge 2. und 3. Klasse. | Hainsberg - Kipsdorf.

| | W | W | | F○ | | F | F✠ | | F | | F | F○✠ | F○ | | km | | W | F○ | | F○ | | F○ | F○ | F✠ | | F✠ | W | F | | F○ | | | |
|---|---|---|---|---|---|---|---|---|---|---|---|---|---|---|---|---|---|---|---|---|---|---|---|---|---|---|---|---|---|---|---|---|---|
| 455 | 535 | 750 | 924 | 1020 | 120 | 412 | 540 | 600 | 700 | — | 745 | 835 | — | 940 | 0,0 | ab Kipsdorf . . an | 632 | 748 | 819 | 922 | 1050 | 1152 | 1258 | 244 | 357 | 441 | 534 | — | 731 | 904 | — | 1110 | 115 |
| 503 | 548 | 758 | 932 | 1029 | 129 | 420 | 549 | 608 | 710 | — | 754 | 844 | — | 948 | 2,7 | Buschmühle . . ab | 622 | \| | 811 | 914 | 1042 | 1144 | 1250 | 236 | 349 | 433 | \| | an | 723 | \| | — | 1102 | 107 |
| 509 | 607 | 806 | 938 | 1037 | 138 | 428 | 557 | 616 | 719 | — | 802 | 851 | — | 956 | 4,4 | Schmiedeberg . | 608 | 731 | 805 | 908 | 1036 | 1138 | 1244 | 230 | 343 | 427 | 522 | 543 | 717 | 852 | — | 1056 | 100 |
| 514 | 615 | \| | 943 | 1042 | 143 | 432 | 602 | 621 | 724 | — | 807 | 856 | — | 1000 | 5,2 | Naundf. b. Schm. | 601 | \| | 759 | 904 | 1030 | 1132 | 1238 | 225 | 336 | 421 | \| | 539 | 711 | \| | — | 1050 | 1256 |
| 522 | 625 | \| | 951 | 1050 | 151 | 440 | 610 | 629 | 732 | — | 815 | 904 | — | 1008 | 7,5 | Obercarsdorf . . | 552 | \| | 751 | 856 | 1022 | 1124 | 1230 | 217 | 328 | 413 | \| | 531 | 703 | \| | — | 1042 | 1248 |
| 527 | 632 | \| | 956 | 1055 | 156 | 445 | 615 | 634 | 737 | — | 820 | 909 | — | 1013 | 8,7 | Ulberndorf . . | 546 | \| | 746 | 851 | 1017 | 1119 | 1225 | 212 | 323 | 408 | \| | 526 | 658 | \| | — | 1037 | 1243 |
| 536 | 642 | 825 | 1006 | 1108 | 207 | 454 | 626 | 646 | 755 | — | 829 | 918 | 1006 | 1025 | 11,2 | Dippoldiswalde . | 535 | 712 | 738 | 844 | 1009 | 1111 | 1217 | 204 | 315 | 400 | 503 | 518 | 650 | 828 | — | 1029 | 1236 |
| 546 | an | \| | 1016 | 1119 | 217 | 504 | 637 | 656 | 809 | — | 839 | 928 | 1017 | 1035 | 14,5 | Malter . . . . . | W | \| | 725 | 833 | 956 | 1058 | 1204 | 145 | 301 | 349 | \| | 503 | 636 | 810 | — | 1015 | 1223 |
| 554 | W | 842 | 1024 | 1129 | 226 | 512 | 645 | 704 | 817 | — | 848 | 937 | 1026 | 1043 | 17,1 | Seifersdorf . . | 3 | \| | 717 | 825 | 948 | 1050 | 1156 | 134 | 253 | 340 | \| | 452 | 627 | \| | - | 1005 | 1215 |
| 601 | 3. | \| | 1031 | 1137 | 233 | 518 | 652 | 711 | 824 | — | 855 | 944 | 1033 | 1050 | 19,2 | Spechtritz . . . | Kl. | \| | 710 | 818 | 941 | 1043 | 1149 | 128 | 246 | 334 | \| | 445 | 620 | \| | an | 957 | 1208 |
| 608 | Kl. | 853 | 1038 | 1145 | 241 | 525 | 658 | 718 | 830 | 845 | 902 | 955 | 1040 | 1058 | 20,8 | Rabenau . . . | — | \| | 704 | 812 | 935 | 1037 | 1143 | 122 | 240 | 328 | 437 | 439 | 614 | 751 | 821 | 950 | 1202 |
| 619 | — | \| | 1049 | 1156 | 252 | 536 | 709 | 729 | \| | 856 | \| | 1006 | 1051 | 1109 | 24,5 | Cossmannsdorf | — | \| | 652 | 801 | 924 | 1024 | 1129 | 109 | 225 | 317 | \| | 428 | 602 | \| | 811 | 937 | 1151 |
| 625 | — | 908 | 1055 | 1202 | 258 | 542 | 715 | 735 | 845 | 902 | 917 | 1012 | 1057 | 1115 | 26,1 | an Hainsberg . ab | — | 630 | 645 | 755 | 918 | 1017 | 1122 | 102 | 218 | 311 | 421 | 421 | 555 | 736 | 804 | 930 | 1145 |
| 650 | – | 934 | 1136 | 1240 | 330 | 611 | 737 | 807 | 912 | 930 | 1004 | 1054 | – | 1149 | | an Dresd. Hptbf. ab | — | 555 | 620 | 725 | 845 | 940 | 1035 | 1230 | 145 | 238 | 345 | 345 | 522 | 630 | 730 | 850 | 1115 |
| 643 | | 917 | 1107 | 1228 | 308 | 553 | — | 748 | — | 926 | 926 | 1039 | — | 1129 | | „ Tharandt . . . „ | - | 555 | 630 | 713 | 908 | 1000 | 1102 | 1212 | 153 | 300 | 410 | 410 | 542 | 640 | 738 | 901 | 1120 |
| 737 | | 1024 | 139 | 139 | 119 | 755 | — | 915 | — | - | — | — | — | 1223 | | „ Freiberg 11, 12 „ | | — | 545 | — | 811 | — | 1014 | 1014 | 1258 | — | 319 | 319 | 319 | 543 | 543 | 813 | 932 |

Nur in der Nacht nach Sonn- u. Festtagen.

✠ F-Züge verkehren auch am Pfingstdienstag. ○ F-Züge verkehren nur vom 13. Mai bis 16. September.

**1906 galt dieser Fahrplan. Zu erkennen ist, dass einige Züge nur in der Saison, also zwischen Mitte Mai und Mitte September, verkehrten. Sammlung: Stefan Müller**

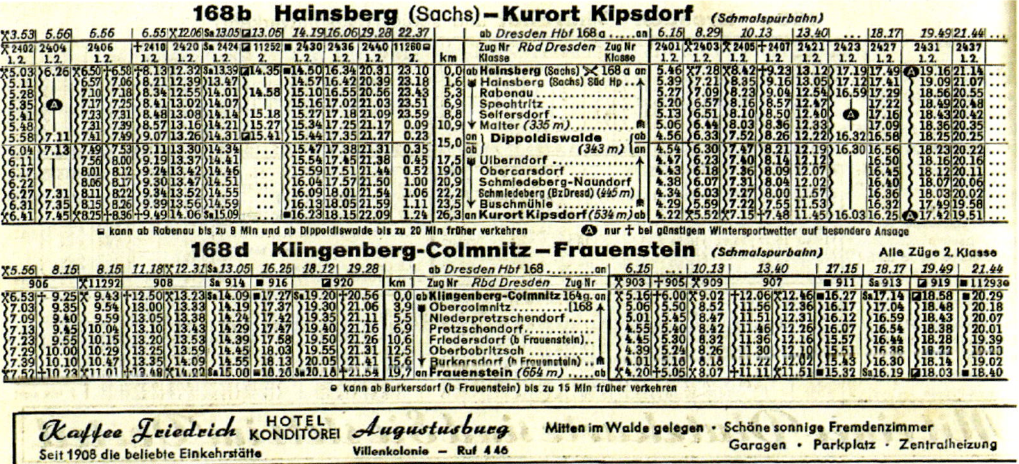

**168b Hainsberg (Sachs) – Kurort Kipsdorf** *(Schmalspurbahn)*

| ⚒3.53 | 5.56 | 6.56 | | 6.55 | ⚒12.06 | Sa13.05 | ⊠13.05 | 14.19 | 16.06 | 19.28 | 22.37 | | ab Dresden Hbf 168a . . . . . an | 6.15 | 8.29 | 10.13 | | 13.40 | . . . | 18.17 | 19.49 | 21.44 | . . . |
|---|---|---|---|---|---|---|---|---|---|---|---|---|---|---|---|---|---|---|---|---|---|---|---|
| ⚒2402 1.2. | 2404 1.2. | 2406 1.2. | | ✝2410 1.2. | 2420 1.2. | Sa 2424 1.2. | ⊠ 11252 2. | ■ 2430 1.2. | 2436 1.2. | 2440 1.2. | 11260⊠ 2. | km | Zug Nr Rbd Dresden Zug Nr Klasse Klasse | 2401 1.2. | ⚒2403 1.2. | ⚒2405 1.2. | ✝2407 1.2. | 2421 1.2. | 2423 1.2. | 2427 1.2. | 2431 1.2. | 2437 1.2. | |
| ⚒5.03 | 6.26 | ⚒6.50 | ✝6.58 | ✝8.13 | 12.32 | Sa13.39 | ⊠14.35 | ■14.50 | 16.34 | 20.31 | 23.10 | 0,0 | ab Hainsberg (Sachs) ✂ 168 a an | 5.46 | ⚒7.28 | ⚒8.42 | ✝9.23 | 13.12 | 17.19 | 17.49 | Ⓐ19.16 | 21.14 | . . . |
| 5.11 | \| | 6.57 | 7.06 | 8.21 | 12.39 | 13.47 | \| | 14.57 | 16.42 | 20.39 | 23.18 | 1,6 | Hainsberg (Sachs) Süd Hp | 5.39 | 7.21 | 8.35 | 9.16 | 13.05 | 17.12 | 17.41 | 19.09 | 21.07 | . . . |
| 5.28 | \| | 7.10 | 7.18 | 8.34 | 12.55 | 14.01 | 14.58 | 15.10 | 16.55 | 20.56 | 23.43 | 5,3 | Rabenau | 5.27 | 7.09 | 8.23 | 9.04 | 12.54 | 16.59 | 17.29 | 18.56 | 20.55 | . . . |
| 5.35 | Ⓐ | 7.17 | 7.25 | 8.41 | 13.02 | 14.07 | \| | 15.16 | 17.02 | 21.03 | 23.51 | 6,9 | Spechtritz | 5.20 | 6.57 | 8.16 | 8.57 | 12.47 | \| | 17.22 | 18.49 | 20.48 | . . . |
| 5.41 | \| | 7.23 | 7.31 | 8.48 | 13.08 | 14.14 | 15.18 | 15.27 | 17.18 | 21.09 | 23.59 | 8,8 | Seifersdorf | 5.13 | 6.51 | 8.10 | 8.50 | 12.40 | Ⓐ | 17.16 | 18.43 | 20.42 | . . . |
| 5.48 | \| | 7.31 | 7.39 | 8.57 | 13.16 | 14.21 | 15.27 | 15.34 | 17.25 | 21.17 | 0.09 | 10,9 | Malter (335 m) | 5.06 | 6.44 | 8.03 | 8.36 | 12.33 | \| | 17.09 | 18.36 | 20.35 | . . . |
| 5.58 | 7.11 | 7.41 | 7.49 | 9.07 | 13.26 | 14.31 | ⊠15.41 | 15.44 | 17.35 | 21.27 | 0.23 | 15,0 | an Dippoldiswalde ab | 4.56 | 6.33 | 7.52 | 8.26 | 12.22 | 16.32 | 16.58 | 18.25 | 20.25 | . . . |
| 6.04 | 7.13 | 7.49 | 7.53 | 9.11 | 13.30 | 14.34 | . . . | 15.47 | 17.38 | 21.31 | 0.35 | | ab (343 m) an | 4.54 | 6.30 | 7.47 | 8.21 | 12.19 | 16.30 | 16.56 | 18.23 | 20.22 | . . . |
| 6.11 | \| | 7.56 | 8.00 | 9.19 | 13.37 | 14.41 | . . . | 15.54 | 17.45 | 21.38 | 0.45 | 17,5 | Ulberndorf | 4.47 | 6.23 | 7.40 | 8.14 | 12.12 | \| | 16.50 | 18.16 | 20.16 | . . . |
| 6.17 | \| | 8.01 | 8.12 | 9.24 | 13.42 | 14.46 | . . . | 15.59 | 17.51 | 21.44 | 0.52 | 19,0 | Obercarsdorf | 4.43 | 6.18 | 7.36 | 8.09 | 12.07 | \| | 16.45 | 18.12 | 20.11 | . . . |
| 6.22 | \| | 8.06 | 8.17 | 9.30 | 13.47 | 14.51 | . . . | 16.04 | 17.57 | 21.50 | 1.00 | 20,9 | Schmiedeberg-Naundorf | 4.38 | 6.07 | 7.31 | 8.04 | 12.02 | \| | 16.40 | 18.07 | 20.06 | . . . |
| 6.27 | 7.31 | 8.11 | 8.22 | 9.34 | 13.52 | 14.55 | . . . | 16.09 | 18.01 | 21.54 | 1.06 | 22,2 | Schmiedeberg (BzDresd) (445 m) | 4.34 | 6.03 | 7.27 | 8.00 | 11.57 | \| | 16.36 | 18.03 | 20.02 | . . . |
| 6.31 | 7.35 | 8.15 | 8.26 | 9.39 | 13.56 | 14.59 | . . . | 16.13 | 18.05 | 21.59 | 1.11 | 23,5 | Buschmühle | 4.29 | 5.59 | 7.22 | 7.55 | 11.53 | \| | 16.32 | 17.49 | 19.58 | . . . |
| ⚒6.41 | 7.45 | ⚒8.25 | ✝8.36 | ✝9.49 | 14.06 | Sa15.09 | . . . | ■16.23 | 18.15 | 22.09 | 1.24 | 26,3 | an Kurort Kipsdorf (534 m) ab | 4.22 | ⚒5.52 | ⚒7.15 | ✝7.48 | 11.45 | 16.03 | 16.25 | Ⓐ17.42 | 19.51 | . . . |

⊠ kann ab Rabenau bis zu 9 Min und ab Dippoldiswalde bis zu 20 Min früher verkehren Ⓐ nur ✝ bei günstigem Wintersportwetter auf besondere Ansage

**168d Klingenberg-Colmnitz – Frauenstein** *(Schmalspurbahn)* Alle Züge 2. Klasse

| ⚒5.56 | 8.15 | 8.15 | 11.18 | ⚒12.31 | Sa13.05 | 16.25 | 18.12 | 19.28 | | ab Dresden Hbf 168 . . . . . an | 6.15 | . . . | 10.13 | 13.40 | | 17.15 | 18.17 | 19.49 | 21.44 |
|---|---|---|---|---|---|---|---|---|---|---|---|---|---|---|---|---|---|---|---|
| 906 | | ⚒11292 | 908 | | Sa 914 | ■ 916 | ⊠920 | | km | Zug Nr Rbd Dresden Zug Nr | ⚒903 | ✝905 | ⚒909 | 907 | | ■ 911 | Sa 913 | ⊠ 919 | ■ 11293⊙ |
| ⚒6.53 | ✝9.25 | ⚒9.43 | ✝12.50 | ⚒13.23 | Sa14.09 | ■17.27 | Sa19.20 | ✝20.56 | 0,0 | ab Klingenberg-Colmnitz 164g. an | ⚒5.16 | ✝6.00 | ⚒9.02 | ✝12.06 | ⚒12.46 | ■16.27 | Sa17.14 | ⊠18.58 | ■20.29 |
| 7.03 | 9.35 | 9.54 | 13.00 | 13.33 | 14.19 | 17.37 | 19.30 | 21.06 | 3,9 | Obercolmnitz . . . . . [168 | 5.06 | 5.50 | 8.52 | 11.56 | 12.36 | 16.17 | 17.04 | 18.48 | 20.18 |
| 7.09 | 9.40 | 9.59 | 13.05 | 13.38 | 14.24 | 17.42 | 19.35 | 21.11 | 5,5 | Niederpretzschendorf | 5.01 | 5.45 | 8.47 | 11.51 | 12.31 | 16.12 | 16.59 | 18.43 | 20.07 |
| 7.13 | 9.45 | 10.04 | 13.10 | 13.43 | 14.29 | 17.47 | 19.40 | 21.16 | 6,9 | Pretzschendorf | 4.55 | 5.40 | 8.42 | 11.46 | 12.26 | 16.07 | 16.54 | 18.38 | 20.01 |
| 7.23 | 9.55 | 10.15 | 13.20 | 13.53 | 14.39 | 17.58 | 19.50 | 21.26 | 10,6 | Friedersdorf (b Frauenstein) | 4.45 | 5.30 | 8.32 | 11.36 | 12.16 | 15.57 | 16.44 | 18.28 | 19.39 |
| 7.29 | 10.00 | 10.29 | 13.25 | 13.59 | 14.45 | 18.03 | 19.55 | 21.31 | 12,5 | Oberbobritzsch | 4.39 | 5.24 | 8.26 | 11.30 | 12.10 | 15.51 | 16.38 | 18.22 | 19.20 |
| 7.39 | 10.10 | 10.47 | 13.35 | 14.09 | 14.55 | 18.13 | 20.05 | 21.41 | 15,6 | Burkersdorf (b Frauenstein) | 4.01 | 5.16 | 8.18 | 11.22 | 12.02 | 15.43 | 16.30 | 18.14 | 19.02 |
| ⚒7.52 | ✝10.23 | ⚒11.01 | ✝13.48 | ⚒14.22 | Sa15.00 | ■18.20 | Sa20.18 | ✝21.54 | 19,7 | an Frauenstein (664 m) . . . ab | ⚒4.20 | ✝5.05 | ⚒8.07 | ✝11.11 | ⚒11.51 | ■15.32 | Sa16.19 | ⊠18.03 | ■18.40 |

⊙ kann ab Burkersdorf (b Frauenstein) bis zu 15 Min früher verkehren



**Im Kursbuch 1962/1963, welches vom 30. September 1962 bis zum 25. Mai 1963 gültig war, konnte die Weißeritztalbahn unter der Streckennummer 168 b gefunden werden. Darunter folgte die wenige Jahre später eingestellte Strecke von Klingenberg-Colmnitz nach Frauenstein. Am Seitenende durfte auch schon vor 55 Jahren die Werbung nicht fehlen. Sammlung: Heinz Schwarzer**

309. 310

**309 Freital-Hainsberg – Kurort Kipsdorf** und zurück *(Schmalspurbahn)* Alle Züge 2. Klasse

| km | Rbd Dresden | Zug Nr | 2402 | 2406 | | 11244 | 2410 | | 2420 | 2424 | 2430 | 11252 | 2436 | | | 11256 | | 11260 | |
|---|---|---|---|---|---|---|---|---|---|---|---|---|---|---|---|---|---|---|---|
| 0,0 | **Freital-Hainsberg** ✕ 305 | ab | ✕4.57 | ✝6.47 | ✕6.52 | Sa8.03 | ✝8.15 | ... | 12.35 | Sa14.09 | ■14.49 | ◪14.49 | ■16.42 | ◪17.22 | ... | ✕19.20 | ✝20.02 | 22.52 | ... |
| 1,6 | Freital-Coßmannsdorf Hp | | 5.04 | 6.52 | 6.59 | | 8.22 | ... | 12.42 | 14.16 | 14.56 | 14.56 | 16.49 | 17.29 | ... | 19.28 | 20.10 | 22.59 | ... |
| 5,3 | Rabenau | | 5.15 | 7.05 | 7.15 | 8.31 | 8.34 | ... | 12.59 | 14.27 | 15.07 | 15.12 | 17.00 | 17.41 | ... | 19.44 | 20.26 | 23.15 | ... |
| 6,9 | Spechtritz | | 5.21 | 7.11 | 7.21 | | 8.41 | ... | 13.05 | 14.34 | 15.14 | 15.20 | 17.07 | 17.47 | ... | 19.52 | 20.36 | 23.23 | ... |
| 8,8 | Seifersdorf | | 5.31 | 7.21 | 7.31 | | 8.51 | ... | 13.16 | 14.44 | 15.24 | 15.31 | 17.17 | 17.58 | ... | 20.02 | 20.45 | 23.34 | ... |
| 10,9 | Malter *(335 m)* | | 5.39 | 7.29 | 7.39 | 8.59 | 8.59 | ... | 13.23 | 14.52 | 15.32 | 15.40 | 17.25 | 18.06 | ... | 20.12 | 20.54 | 23.43 | ... |
| 15,0 | **Dippoldiswalde** *(343 m)* | an | 5.48 | 7.38 | 7.48 | Sa9.15 | 9.08 | ... | 13.32 | 15.01 | 15.41 | ◪15.54 | 17.34 | 18.15 | ... | 20.26 | 21.08 | 23.57 | ... |
| | | ab | 5.49 | 7.42 | 7.54 | ... | 9.15 | ... | 13.34 | 15.03 | 16.13 | ... | 17.35 | 18.18 | ... | 20.32 | 21.09 | ... | ... |
| 17,5 | Ulberndorf (u) | | 5.59 | 7.51 | 8.03 | ... | 9.24 | ... | 13.44 | 15.13 | 16.23 | ... | 17.44 | 18.28 | ... | 20.42 | 21.19 | ... | ... |
| 19,0 | Obercarsdorf | | 6.03 | 7.56 | 8.08 | ... | 9.29 | ... | 13.49 | 15.19 | 16.33 | ... | 17.49 | 18.32 | ... | 20.49 | 21.28 | ... | ... |
| 20,9 | Schmiedeberg-Naundorf (u) | | 6.08 | 8.01 | 8.13 | ... | 9.34 | ... | 13.54 | 15.24 | 16.38 | ... | 17.54 | 18.37 | ... | 20.56 | 21.33 | ... | ... |
| 22,2 | Schmiedeberg (Bz Dresden) *(445 m)* | | 6.15 | 8.08 | 8.20 | ... | 9.41 | ... | 14.01 | 15.31 | 16.45 | ... | 18.01 | 18.44 | ... | 21.04 | 21.41 | ... | ... |
| 23,5 | Buschmühle (u) | | 6.18 | 8.11 | 8.23 | ... | 9.44 | ... | 14.05 | 15.34 | 16.48 | ... | 18.04 | 18.48 | ... | 21.09 | 21.46 | ... | ... |
| 26,3 | **Kurort Kipsdorf** ✕ *(534 m)* | an | ✕6.29 | ✝8.20 | ✕8.32 | ... | ✝9.55 | ... | 14.15 | Sa15.45 | ■16.59 | ... | ■18.15 | ◪18.58 | ... | ✕21.37 | ✝22.14 | ... | ... |

| km | Rbd Dresden | Zug Nr | 2401 | | 2403 | | 2405 | | 2407 | | 2421 | | 2427 | | | 2437 | | | |
|---|---|---|---|---|---|---|---|---|---|---|---|---|---|---|---|---|---|---|---|
| 0,0 | **Kurort Kipsdorf** ✕ *(534 m)* | ab | ... | ... | ✕5.58 | ... | ✕7.10 | ... | ✝8.35 | ... | 11.44 | ... | ■16.07 | ◪16.23 | ... | 19.53 | ... | ... | ... |
| 2,8 | Buschmühle (u) | | ... | ... | 6.06 | ... | 7.18 | ... | 8.43 | ... | 11.52 | ... | 16.15 | 16.31 | ... | 20.01 | ... | ... | ... |
| 4,1 | Schmiedeberg (Bz Dresden) *(445 m)* | | ... | ... | 6.17 | ... | 7.22 | ... | 8.47 | ... | 11.56 | ... | 16.19 | 16.35 | ... | 20.05 | ... | ... | ... |
| 5,4 | Schmiedeberg-Naundorf (u) | | ... | ... | 6.23 | ... | 7.28 | ... | 8.53 | ... | 12.03 | ... | 16.26 | 16.42 | ... | 20.11 | ... | ... | ... |
| 7,3 | Obercarsdorf | | ... | ... | 6.28 | ... | 7.33 | ... | 8.58 | ... | 12.08 | ... | 16.31 | 16.47 | ... | 20.16 | ... | ... | ... |
| 8,8 | Ulberndorf (u) | | ... | ... | 6.32 | ... | 7.37 | ... | 9.03 | ... | 12.12 | ... | 16.35 | 16.51 | ... | 20.21 | ... | ... | ... |
| 11,3 | **Dippoldiswalde** *(343 m)* | an | ... | ... | 6.40 | ... | 7.45 | ... | 9.12 | ... | 12.21 | ... | 16.45 | 17.01 | ... | 20.28 | ... | ... | ... |
| | | ab | 3.54 | ... | 6.41 | ... | 7.53 | ... | 9.14 | ... | 12.22 | ... | 16.48 | 17.03 | ... | 20.30 | ... | ... | ... |
| 15,4 | Malter *(335 m)* | | 4.04 | ... | 6.50 | ... | 8.03 | ... | 9.24 | ... | 12.32 | ... | 16.58 | 17.12 | ... | 20.39 | | | |
| 17,5 | Seifersdorf | | 4.12 | ... | 6.57 | ... | 8.10 | ... | 9.39 | ... | 12.40 | ... | a17.18 | 17.20 | ... | 20.47 | | | |
| 19,4 | Spechtritz | | 4.23 | ... | 7.07 | ... | 8.21 | ... | 9.50 | ... | 12.51 | ... | 17.29 | 17.31 | ... | 20.58 | | | |
| 21,0 | Rabenau | | 4.29 | ... | 7.13 | ... | 8.28 | ... | 9.56 | ... | 12.58 | ... | 17.35 | 17.42 | ... | 21.04 | | | |
| 24,7 | Freital-Coßmannsdorf Hp | | 4.40 | ... | 7.24 | ... | 8.39 | ... | 10.07 | ... | 13.09 | ... | 17.46 | 17.53 | ... | 21.15 | | | |
| 26,3 | **Freital-Hainsberg** ✕ 305 | an | 4.47 | ... | ✕7.31 | ... | ✕8.46 | ... | ✝10.14 | ... | 13.16 | ... | ■17.53 | ◪18.00 | ... | 21.22 | | | |

a an 17.05

Der Winterfahrplan 1968/1969. Inzwischen ist unsere Strecke unter der Nummer 309 zu finden, dies sollte bis Anfang der 1990er Jahre auch so bleiben. Interessant ist das vermeintliche Ungleichgewicht zwischen Berg- und Talfahrten. Das ist aber der Tatsache geschuldet, dass es in Fahrtrichtung nach Kipsdorf häufig abweichende Fahrzeiten zwischen Werk- und Sonn- bzw. Feiertagen gab. Sammlung: Ulrich Heise.

309. *Gegenrichtung* 310

**309 Freital-Hainsberg – Kurort Kipsdorf** und zurück *(Schmalspurbahn)* Alle Züge 2. Klasse

| km | Rbd Dresden | Zug Nr | 14251 | 14255 | | 14261 | 69911 | 14265 | 14269 | 69913 | 69915 | 14273 | 14275 | 69917 | | 69919 | |
|---|---|---|---|---|---|---|---|---|---|---|---|---|---|---|---|---|---|
| 0,0 | **Freital-Hainsberg** ✕ 305 | ab | ■4.58 | 6.31 | | ✝7.59 | ⑥7.58 | 12.03 | ■14.28 | ◪14.28 | ... | ■16.31 | ◪17.28 | 19.00 | ... | 22.30 | ... |
| 1,6 | Freital-Coßmannsdorf Hp | | 5.03 | 6.36 | | 8.04 | 8.05 | 12.08 | 14.33 | 14.35 | ... | 16.36 | 17.33 | 19.07 | ... | 22.36 | ... |
| 5,3 | Rabenau | | 5.14 | 6.47 | | 8.15 | 8.19 | 12.20 | 14.44 | 14.49 | ... | 16.47 | 17.52 | 19.22 | ... | 22.50 | ... |
| 6,9 | Spechtritz | | 5.21 | 6.54 | | 8.22 | | 12.26 | 14.51 | 14.57 | ... | 16.54 | 17.58 | 19.31 | ... | 22.59 | ... |
| 8,8 | Seifersdorf | | 5.27 | ✝7.02 | ✕7.08 | 8.28 | | 12.39 | 14.57 | 15.06 | ... | a17.10 | 18.04 | 19.39 | ... | 23.06 | ... |
| 10,9 | Malter *(335 m)* | | 5.34 | 7.10 | 7.15 | 8.36 | 8.43 | 12.46 | 15.04 | 15.16 | ... | 17.17 | 18.12 | 19.47 | ... | 23.15 | ... |
| 15,0 | **Dippoldiswalde** *(343 m)* | an | 5.46 | 7.21 | 7.27 | 8.47 | ⑥8.57 | 12.59 | 15.15 | 15.29 | ... | 17.29 | 18.24 | 20.01 | ... | 23.29 | ... |
| | | ab | 5.47 | 7.23 | 7.33 | 8.48 | ... | 13.10 | 15.16 | 15.31 | ■16.06 | 17.30 | 18.27 | 20.20 | ... | ... | ... |
| 17,5 | Ulberndorf (u) | | 5.57 | 7.34 | 7.44 | 8.58 | ... | 13.21 | 15.26 | 15.42 | 16.17 | 17.41 | 18.38 | 20.31 | ... | ... | ... |
| 19,0 | Obercarsdorf | | 6.02 | 7.39 | 7.49 | 9.03 | ... | 13.26 | 15.31 | 15.49 | 16.34 | 17.47 | 18.43 | 20.38 | ... | ... | ... |
| 20,9 | Schmiedeberg-Naundorf (u) | | 6.10 | 7.48 | 7.58 | 9.11 | ... | 13.35 | 15.39 | 15.58 | 16.43 | 17.55 | 18.52 | 20.47 | ... | ... | ... |
| 22,2 | Schmiedeberg (Bz Dresden) *(445 m)* | | 6.16 | 7.53 | 8.03 | 9.17 | ... | 13.40 | 15.45 | ◪16.04 | ■16.50 | 18.00 | 18.57 | 20.57 | ... | ... | ... |
| 23,5 | Buschmühle (u) | | 6.21 | 7.58 | 8.08 | 9.21 | ... | 13.45 | 15.49 | an | an | 18.05 | 19.02 | 21.00 | ... | ... | ... |
| 26,3 | **Kurort Kipsdorf** ✕ *(534 m)* | an | ■6.32 | ✝8.09 | ✕8.19 | ✝9.33 | ... | 13.56 | ■16.00 | ... | ... | ■18.16 | ◪19.13 | 21.32 | ... | ... | ... |

| km | Rbd Dresden | Zug Nr | 14250 | | 14254 | | 14258 | 14260 | 14264 | | 14270 | 14272 | 14274 | 14276 | | |
|---|---|---|---|---|---|---|---|---|---|---|---|---|---|---|---|---|
| 0,0 | **Kurort Kipsdorf** ✕ *(534 m)* | ab | ... | ... | ✕5.57 | ... | ■6.47 | ✝8.29 | 11.33 | ... | ■16.03 | ◪16.28 | ... | 19.33 | ... | ... |
| 2,8 | Buschmühle (u) | | ... | ... | 6.08 | ... | 6.58 | 8.40 | 11.44 | ... | 16.14 | 16.39 | ... | 19.44 | ... | ... |
| 4,1 | Schmiedeberg (Bz Dresden) *(445 m)* | | ... | ... | 6.17 | ... | 7.03 | 8.44 | 11.49 | ... | 16.19 | 16.44 | ... | 19.49 | | |
| 5,4 | Schmiedeberg-Naundorf (u) | | ... | ... | 6.22 | ... | 7.08 | 8.50 | 11.54 | ... | 16.24 | 16.49 | ... | 19.54 | | |
| 7,3 | Obercarsdorf | | ... | ... | 6.30 | ... | 7.16 | 9.05 | 12.02 | ... | 16.32 | 16.58 | ... | 20.02 | | |
| 8,8 | Ulberndorf (u) | | ... | ... | 6.35 | ... | 7.21 | 9.10 | 12.07 | ... | 16.38 | 17.03 | ... | 20.07 | | |
| 11,3 | **Dippoldiswalde** *(343 m)* | an | ... | ... | 6.46 | ... | 7.31 | 9.20 | 12.17 | ... | 16.48 | 17.14 | ... | 20.18 | | |
| | | ab | 4.00 | ... | 6.47 | ... | 7.46 | 9.21 | 12.18 | ... | 16.46 | 17.16 | b17.53 | 20.19 | | |
| 15,4 | Malter *(335 m)* | | 4.13 | ... | 7.01 | ... | 7.58 | 9.33 | 12.30 | ... | 17.00 | 17.29 | 18.14 | 20.31 | | |
| 17,5 | Seifersdorf | | 4.20 | ... | 7.06 | ... | 8.05 | 9.40 | 12.38 | ... | 17.08 | 17.37 | 18.21 | 20.38 | | |
| 19,4 | Spechtritz | | 4.27 | ... | 7.12 | ... | 8.12 | 9.46 | 12.44 | ... | 17.14 | 17.43 | 18.27 | 20.44 | | |
| 21,0 | Rabenau | | 4.34 | ... | 7.20 | ... | 8 20 | 9.53 | 12.51 | ... | 17.21 | 17.50 | 18.34 | 20.51 | | |
| 24,7 | Freital-Coßmannsdorf Hp | | 4.46 | ... | 7.32 | ... | 8.32 | 10.05 | 13.04 | ... | 17.33 | 18.02 | 18.46 | 21.03 | | |
| 26,3 | **Freital-Hainsberg** ✕ 305 | an | 4.51 | ... | ✕7.37 | ... | ■8.37 | ✝10.10 | 13.09 | ... | ■17.38 | ◪18.07 | b18.51 | 21.08 | | |

a an 17.00
b nur ◪ vom 1. VII. bis 3. IX.

Im Sommer 1978 (vom 28. Mai bis 30. September) galt dieser Fahrplan. Markant ist v. a. die Lücke in den Abfahrtszeiten von Kurort Kipsdorf. So verlässt 11:33 Uhr ein Zug den südlichen Endbahnhof der Weißeritztalbahn und der nächste erst 4,5 h Stunden später, um 16:03 Uhr. Zum obenstehenden, 10 Jahre zuvor gültigen, Fahrplan gibt es auch einige Unterschiede, jedoch ist das Grundgerüst erhalten geblieben. Dafür haben sich die Zugnummern geändert, die nun bis zum Beginn der 1990er Jahre ihre Gültigkeit besitzen sollten.
Sammlung: Heinz Schwarzer

## 309 Freital-Hainsberg – Kurort Kipsdorf und zurück *(Schmalspurbahn)* Alle Züge 2. Klasse

| km | Rbd Dresden | Zug Nr | 14251 | 14255 | 14255 | 14261 | | 14265 | 14269 | 69913 | 69915 | 14273 | 14275 ✝1) | 69917 | | 69919 ✝1) | |
|---|---|---|---|---|---|---|---|---|---|---|---|---|---|---|---|---|---|
| 0,0 | **Freital-Hainsberg** ✕ 305 | ab | ■4.50 | †6.30 | ✕6.30 | ◪ 8.20 | ... | d12.06 | ■d14.28 | ◪14.28 | ... | ■16.45 | ◪17.27 | 19.05 | ... | 22.30 | ... |
| 1,6 | Freital-Coßmannsdorf Hp | | 4.55 | 6.35 | 6.35 | 8.25 | ... | 12.11 | 14.33 | 14.33 | ... | 16.50 | 17.32 | 19.10 | ... | 22.35 | ... |
| 5,3 | Rabenau | | 5.07 | 6.47 | 6.47 | 8.37 | ... | 12.23 | 14.45 | 14.47 | ... | 17.02 | 17.48 | 19.24 | ... | 22.49 | ... |
| 6,9 | Spechtritz | | 5.14 | 6.54 | 6.54 | 8.43 | ... | 12.30 | 14.52 | 14.54 | ... | 17.09 | 17.55 | 19.31 | ... | 22.56 | ... |
| 8,8 | Seifersdorf | | 5.20 | 7.01 | 7.06 | 8.50 | ... | 12.41 | 14.58 | 15.01 | ... | c17.25 | 18.01 | 19.38 | ... | 23.03 | ... |
| 10,9 | Malter *(335 m)* | | 5.28 | 7.08 | 7.13 | 8.57 | ... | 12.48 | 15.06 | 15.09 | ... | 17.32 | 18.09 | 19.46 | ... | 23.11 | ... |
| 15,0 | **Dippoldiswalde** *(343 m)* | an | 5.42 | 7.22 | 7.27 | ◪ 9.11 | ... | d13.02 | d15.20 | 15.24 | ... | 17.46 | 18.23 | 20.01 | ... | 23.26 | ... |
| | | ab | 5.42 | 7.23 | 7.30 | † 9.16 | ... | 13.10 | 15.20 | 15.26 | ■d16.15 | 17.48 | 18.24 | 20.18 | ... | ... | ... |
| 17,5 | Ulberndorf (u) | | 5.52 | 7.32 | 7.39 | 9.25 | ... | 13.19 | 15.30 | 15.35 | 16.26 | 17.58 | 18.33 | 20.28 | ... | ... | ... |
| 19,0 | Obercarsdorf | | 5.58 | 7.39 | 7.46 | 9.32 | ... | 13.26 | 15.36 | 15.42 | b16.46 | 18.04 | 18.40 | 20.35 | ... | ... | ... |
| 20,9 | Schmiedeberg-Naundorf (u) | | 6.05 | 7.46 | 7.52 | 9.38 | ... | 13.32 | 15.43 | 15.50 | 16.53 | 18.11 | 18.46 | 20.42 | ... | ... | ... |
| 22,2 | Schmiedeberg (Bz Dresden) *(445 m)* | | 6.12 | 7.52 | 7.59 | 9.45 | ... | 13.39 | 15.49 | ◪15.56 | ■d16.59 | 18.18 | 18.53 | 20.49 | ... | ... | ... |
| 23,5 | Buschmühle (u) | | 6.17 | 7.57 | 8.04 | 9.50 | ... | 13.44 | 15.54 | an | an | 18.23 | 18.58 | a21.20 | ... | ... | ... |
| 26,3 | **Kurort Kipsdorf** ✕ *(534 m)* | an | ■6.33 | †8.13 | ✕8.20 | †10.06 | ... | 14.00 | ■ 16.09 | ... | ... | ■18.38 | ◪19.14 | 21.36 | ... | ... | ... |

| km | Rbd Dresden | Zug Nr | 14250 | | 14254 | | 14258 | 14260 | 14264 | 14270 | 14272 | 14274 | | 14276 ✝1) | | |
|---|---|---|---|---|---|---|---|---|---|---|---|---|---|---|---|---|
| 0,0 | **Kurort Kipsdorf** ✕ *(534 m)* | ab | ✝2) | ... | ✕5.48 | ... | ■6.40 | † 8.25 | 11.28 | ■16.11 | ◪16.21 | ... | ... | 19.24 | ... | ... |
| 2,8 | Buschmühle (u) | | ... | ... | 6.04 | ... | 6.56 | 8.41 | 11.43 | 16.26 | 16.36 | ... | ... | 19.40 | ... | ... |
| 4,1 | Schmiedeberg (Bz Dresden) *(445 m)* | | ... | ... | 6.13 | ... | 7.00 | 8.46 | 11.48 | 16.31 | 16.41 | ... | ... | 19.45 | | |
| 5,4 | Schmiedeberg-Naundorf (u) | | ... | ... | 6.19 | ... | 7.07 | 8.52 | 11.55 | 16.38 | 16.48 | ... | ... | 19.51 | | |
| 7,3 | Obercarsdorf | | ... | ... | 6.26 | ... | 7.13 | 8.59 | 12.01 | 16.44 | 16.54 | ... | ... | 19.58 | | |
| 8,8 | Ulberndorf (u) | | ... | ... | 6.32 | ... | 7.20 | 9.05 | 12.08 | 16.51 | 17.01 | ... | ... | 20.04 | | |
| 11,3 | **Dippoldiswalde** *(343 m)* | an | ... | ... | 6.41 | ... | 7.29 | 9.14 | 12.17 | 17.00 | 17.10 | ... | ... | 20.13 | | |
| | | ab | 3.49 | ... | 6.42 | ... | 7.49 | 9.15 | d12.18 | 17.01 | 17.11 | e17.58 | ... | 20.15 | | |
| 15,4 | Malter *(335 m)* | | 4.03 | ... | 6.56 | ... | 8.03 | 9.29 | 12.32 | 17.15 | 17.25 | 18.10 | ... | 20.29 | | |
| 17,5 | Seifersdorf | | 4.11 | ... | 7.04 | ... | 8.11 | 9.37 | 12.40 | 17.23 | 17.33 | 18.17 | ... | 20.37 | | |
| 19,4 | Spechtritz | | 4.17 | ... | 7.10 | ... | 8.17 | 9.43 | 12.46 | 17.29 | 17.39 | 18.24 | ... | 20.43 | | |
| 21,0 | Rabenau | | 4.24 | ... | 7.18 | ... | 8.24 | 9.50 | 12.53 | 17.36 | 17.46 | 18.31 | ... | 20.50 | | |
| 24,7 | Freital-Coßmannsdorf Hp | | 4.36 | ... | 7.30 | ... | 8.36 | 10.02 | 13.05 | 17.48 | 17.58 | 18.43 | ... | 21.02 | | |
| 26,3 | **Freital-Hainsberg** ✕ 305 | an | 4.43 | ... | ✕7.34 | ... | ■8.40 | †10.07 | d13.10 | ■17.52 | ◪18.03 | e18.47 | ... | 21.06 | | |

a an 20.54
b an 16.32
c an 17.15
d ■ vom 4. VII. bis 26. VIII. als [Bus]
e nur ◪ und nur vom 2. VII. bis 28. VIII.

✝1) nicht am 24., 25. und 31. XII. ✝2) nicht am 25., 26. XII. und 1. I.

**Der vom 29. Mai 1983 bis zum 2. Juni 1984 gültige Fahrplan unterscheidet sich nur wenig von der Grundstruktur des Fahrplans aus dem Jahr 1978. Und doch sind einige Details zu erkennen, die sich innerhalb von fünf Jahren verändert haben. Diese betreffen die jeweiligen Abfahrtszeiten der Züge. Doch auch Mitte der 1980er Jahre besteht die große Lücke in den Abfahrten ab Kipsdorf in der Nachmittagszeit noch. Sammlung: Heinz Schwarzer**

## 309 Freital-Hainsberg – Kurort Kipsdorf ↓ 309

| km | Rbd Dresden | | 14251 | 14255 | 14261 | 14265 | 14269 | 14271 | 14273 | 14275 | 69917 | 69919 |
|---|---|---|---|---|---|---|---|---|---|---|---|---|
| | | | 🚲 | 🚲 | 🚲 | 🚲 | 🚲 | 🚲 | 🚲 | 🚲 | 🚲 | 🚲 8 |
| 0 | **Freital-Hainsberg** 4 305 | | Ⓐ4 25 | 6 29 | 9 00 | 12 00 | 14 29 | Ⓚ15 55 | Ⓐ16 29 | Ⓒ17 36 | 19 15 | 22 25 |
| 1 | Freital-Coßmannsdorf Hp | | 4 30 | 6 34 | 9 05 | 12 05 | 14 34 | 16 00 | 16 34 | 17 41 | 19 21 | 22 31 |
| 5 | Rabenau | | 4 47 | 6 45 | 9 16 | 12 16 | 14 53 | 16 11 | 16 45 | 17 52 | 19 35 | 22 45 |
| 7 | Spechtritz | | 4 53 | 6 52 | 9 23 | 12 24 | 15 00 | 16 18 | 16 52 | 17 59 | 19 42 | 22 52 |
| 9 | Seifersdorf (u) | | 4 59 | 6 58 | 9 29 | 12 39 | 15 06 | 16 24 | 17 07 | 18 05 | 19 49 | 22 59 |
| 11 | Malter *(335 m)* | | 5 06 | 7 05 | 9 36 | 12 46 | 15 13 | 16 31 | 17 14 | 18 12 | 19 57 | 23 07 |
| 15 | **Dippoldiswalde** *(343 m)* | ○ | 5 16 | 7 15 | 9 46 | 12 56 | 15 23 | Ⓚ16 41 | 17 24 | 18 21 | 20 10 | 23 20 |
| 15 | **Dippoldiswalde** | | 5 20 | 7 20 | 9 51 | 13 00 | 15 27 | | 17 28 | 18 26 | 20 21 | |
| 17 | Ulberndorf (u) | | 5 28 | 7 28 | 9 59 | 13 08 | 15 35 | | 17 36 | 18 34 | 20 31 | |
| 19 | Obercarsdorf (u) | | 5 33 | 7 33 | 10 04 | 13 13 | 15 40 | | 17 41 | 18 39 | 20 37 | |
| 21 | Schmiedeberg-Naundorf (u) | | 5 39 | 7 39 | 10 10 | 13 19 | 15 46 | | 17 47 | 18 45 | 20 45 | |
| 22 | Schmiedeberg (Bz Dresden) *(445 m)* | | 5 51 | 7 44 | 10 15 | 13 24 | 15 51 | | 17 52 | 18 50 | 20 51 | |
| 23 | Buschmühle (u) | | 5 54 | 7 48 | 10 19 | 13 28 | 15 55 | | 17 56 | 18 54 | 20 55 | |
| 26 | **Kurort** Kipsdorf *(534 m)* | ○ | Ⓐ6 01 | 7 55 | 10 26 | 13 35 | 16 02 | | Ⓐ18 03 | Ⓒ19 01 | 21 12 | |

N
8.20 an Dips.

| km | Rbd Dresden | | 14250 | 14254 | 14258 | 14260 | 14264 | 14266 | 14270 | 14274 | 14276 |
|---|---|---|---|---|---|---|---|---|---|---|---|
| | | | 🚲 7 | 🚲 | 🚲 | 🚲 | 🚲 | 🚲 | 🚲 | 🚲 | 🚲 |
| 0 | **Kurort** Kipsdorf *(534 m)* | | | ⚒5 37 | Ⓐ6 44 | † 8 30 | 11 43 | 13 43 | 16 10 | | 19 43 |
| 3 | Buschmühle (u) | | | 5 44 | 6 51 | 8 38 | 11 50 | 13 51 | 16 18 | | 19 50 |
| 4 | Schmiedeberg (Bz Dresden) *(445 m)* | | | 5 48 | 6 55 | 8 41 | 11 54 | 13 54 | 16 21 | | 19 54 |
| 5 | Schmiedeberg-Naundorf (u) | | | 5 53 | 7 00 | 8 46 | 11 59 | 13 59 | 16 26 | | 19 59 |
| 7 | Obercarsdorf (u) | | | 5 59 | 7 05 | 8 52 | 12 05 | 14 05 | 16 32 | | 20 05 |
| 9 | Ulberndorf (u) | | | 6 04 | 7 10 | 8 58 | 12 10 | 14 11 | 16 38 | | 20 10 |
| 11 | **Dippoldiswalde** *(343 m)* | ○ | | 6 11 | 7 18 | 9 06 | 12 18 | 14 19 | 16 46 | | 20 18 |
| 11 | **Dippoldiswalde** | | 4 16 | 6 12 | 7 19 | 9 08 | 12 20 | 14 20 | 16 47 | Ⓚ17 41 | 20 20 |
| 15 | Malter *(335 m)* | | 4 26 | 6 22 | 7 29 | 9 18 | 12 30 | 14 30 | 16 57 | 17 53 | 20 30 |
| 17 | Seifersdorf (u) | | 4 33 | 6 29 | 7 36 | 9 32 | 12 36 | 14 37 | 17 04 | 18 07 | 20 36 |
| 19 | Spechtritz | | 4 39 | 6 35 | 7 42 | 9 38 | 12 42 | 14 43 | 17 10 | 18 13 | 20 42 |
| 21 | Rabenau | | 4 45 | 6 48 | 7 48 | 9 45 | 12 49 | 14 50 | 17 17 | 18 20 | 20 49 |
| 25 | Freital-Coßmannsdorf Hp | | 4 57 | 6 59 | 8 00 | 9 56 | 13 00 | 15 01 | 17 28 | 18 32 | 21 00 |
| 26 | **Freital-Hainsberg** 4 305 | ○ | 5 01 | ⚒7 04 | Ⓐ8 04 | † 10 01 | 13 05 | 15 06 | 17 33 | Ⓚ18 36 | 21 05 |

leer Gmp
9.50
ab Dipps.

Ⓐ = ⚒ außer ⑥, nicht 24., 31. XII.
Ⓒ = ⑥ und †, auch 24., 31. XII.
Ⓚ = bis 1. IX., nur ⑥ und †, auch 28. V.
7 = nicht 25. XII., 1. I.
8 = nicht 24., 31. XII.

Auf dieser Strecke können Reisegruppen einen Salonwagen (30 Pl.) mieten, der den meisten Zügen beigestellt werden kann. Info und Vorbestellung beim Bf. Freital-Hainsberg (Verwaltung), Tel. Dresden 4612368

**Vom 2. Juni 1991 bis 30. Mai 1992 galt dieser Fahrplan, den Heinz Schwarzer um Informationen von zwei GmP ergänzte. Noch gibt es keinen Taktfahrplan, das Einprägen der unregelmäßigen Abfahrtszeiten war also nicht so einfach. Sammlung: Heinz Schwarzer**

## Freital-Hainsberg → Kurort Kipsdorf Weißeritztalbahn

| Zug | | Montag bis Freitag | Samstag | Sonn- und Feiertag | Freital-Hainsberg | Freital-Coßmannsd | Rabenau | Spechtritz | Seifersdorf | Malter | Dippoldiswalde | Dippoldiswalde | Ulberndorf | Obercarsdorf | Schmiedeberg-Naund | Schmiedeberg (Dre) | Buschmühle | Kurort Kipsdorf | Verkehrstage | |
|---|---|---|---|---|---|---|---|---|---|---|---|---|---|---|---|---|---|---|---|---|
| | | ⚒ | ⚒ | † | ab | ab | ab | ab | ab | ab | an | ab | ab | ab | ab | ab | ab | an | | |
| RB | 27820 | • | • | | 04.52 | 04.57 | 05.09 | 05.16 | 05.22 | 05.29 | 05.39 | 05.45 | 05.55 | 06.01 | 06.06 | 06.11 | 06.14 | 06.22 | Mo - Sa | [21] |
| RB | 27822 | • | • | • | 06.52 | 06.57 | 07.09 | 07.16 | 07.22 | 07.29 | 07.39 | 07.45 | 07.55 | 08.01 | 08.06 | 08.11 | 08.14 | 08.22 | täglich | |
| RB | 27824 | • | • | • | 08.52 | 08.57 | 09.09 | 09.16 | 09.22 | 09.29 | 09.39 | 09.45 | 09.55 | 10.01 | 10.06 | 10.11 | 10.14 | 10.22 | täglich | |
| RB | 27826 | • | ○ | • | 10.52 | 10.57 | 11.09 | 11.16 | 11.22 | 11.29 | 11.39 | 11.45 | 11.55 | 12.01 | 12.06 | 12.11 | 12.14 | 12.22 | täglich | |
| RB | 27828 | • | • | • | 12.52 | 12.57 | 13.09 | 13.16 | 13.22 | 13.29 | 13.39 | 13.45 | 13.55 | 14.01 | 14.06 | 14.11 | 14.14 | 14.22 | täglich | |
| RB | 27830 | • | • | • | 14.52 | 14.57 | 15.09 | 15.16 | 15.22 | 15.29 | 15.39 | 15.45 | 15.55 | 16.01 | 16.06 | 16.11 | 16.14 | 16.22 | täglich | |
| RB | 27832 | • | • | • | 16.52 | 16.57 | 17.09 | 17.16 | 17.22 | 17.29 | 17.39 | 17.45 | 17.55 | 18.01 | 18.06 | 18.11 | 18.14 | 18.22 | täglich | |
| RB | 27834 | • | • | • | 18.52 | 18.57 | 19.09 | 19.16 | 19.22 | 19.29 | 19.39 | 19.45 | 19.55 | 20.01 | 20.06 | 20.11 | 20.14 | 20.22 | täglich | [22] |
| RB | 27836 | • | • | • | 20.50 | 20.55 | 21.06 | 21.14 | 21.19 | 21.26 | 21.36 | | | | | | | | täglich | [22] |

[21] = nicht 17. Nov, 25. Dez, 1. Jan, 21., 24. Apr, 1. Mai
[22] = nicht 24., 31. Dez

## Kurort Kipsdorf → Freital-Hainsberg Weißeritztalbahn

| Zug | | Montag bis Freitag | Samstag | Sonn- und Feiertag | Kurort Kipsdorf | Buschmühle | Schmiedeberg (Dre) | Schmiedeberg-Naund | Obercarsdorf | Ulberndorf | Dippoldiswalde | Dippoldiswalde | Malter | Seifersdorf | Spechtritz | Rabenau | Freital-Coßmannsd | Freital-Hainsberg | Verkehrstage | |
|---|---|---|---|---|---|---|---|---|---|---|---|---|---|---|---|---|---|---|---|---|
| | | ⚒ | ⚒ | † | ab | ab | ab | ab | ab | ab | an | ab | ab | ab | ab | ab | ab | an | | |
| RB | 27821 | • | | | | | | | | | | 06.02 | 06.13 | 06.19 | 06.25 | 06.33 | 06.44 | 06.49 | Mo - Fr | [21] |
| RB | 27823 | • | • | | 07.06 | 07.14 | 07.17 | 07.22 | 07.27 | 07.33 | 07.42 | 07.43 | 07.54 | 08.00 | 08.06 | 08.14 | 08.26 | 08.31 | Mo - Sa | [22] |
| RB | 27825 | • | • | • | 09,06 | 09.14 | 09.17 | 09.22 | 09.27 | 09.33 | 09.42 | 09.43 | 09.54 | 10.00 | 10.06 | 10.14 | 10.26 | 10.31 | täglich | |
| RB | 27827 | • | • | • | 11.06 | 11.14 | 11.17 | 11.22 | 11.27 | 11.33 | 11.42 | 11.43 | 11.54 | 12.00 | 12.06 | 12.14 | 12.26 | 12.31 | täglich | |
| RB | 27829 | • | • | • | 13.06 | 13.14 | 13.17 | 13.22 | 13.27 | 13.33 | 13.42 | 13.43 | 13.54 | 14.00 | 14.06 | 14.14 | 14.26 | 14.31 | täglich | |
| RB | 27831 | • | • | • | 15.06 | 15.14 | 15.17 | 15.22 | 15.27 | 15.33 | 15.42 | 15.43 | 15.54 | 16.00 | 16.06 | 16.14 | 16.26 | 16.31 | täglich | |
| RB | 27833 | • | • | • | 17.06 | 17.14 | 17.17 | 17.22 | 17.27 | 17.33 | 17.42 | 17.43 | 17.54 | 18.00 | 18.06 | 18.14 | 18.26 | 18.31 | täglich | |
| RB | 27835 | • | • | • | 19.06 | 19.14 | 19.17 | 19.22 | 19.27 | 19.33 | 19.42 | 19.43 | 19.54 | 20.00 | 20.06 | 20.14 | 20.26 | 20.31 | täglich | |
| RB | 27837 | • | • | • | 20.57 | 21.05 | 21.08 | 21.13 | 21.18 | 21.24 | 21.33 | 21.46 | 21.56 | 22.03 | 22.09 | 22.16 | 22.28 | 22.33 | täglich | [23] |

[21] = nicht 17., Nov, 21., 24. Apr, 1. Mai
[22] = nicht 17. Nov, 25. Dez, 1. Jan, 21., 24. Apr, 1. Mai
[23] = nicht 24., 31. Dez

**1999 gab es auf der Weißeritztalbahn einen fahrgastfreundlichen Zwei-Stunden-Takt. In der Woche fuhren neun Zugpaare, am Wochenende immerhin acht. Nur das morgendliche Zugpaar fiel aus, sodass der Betrieb zwei Stunden später begann. Dieser Takt blieb bis auf kleinere Änderungen der exakten Abfahrtszeiten bis zum Hochwasser im August 2002 gültig.**
**Ein derartiger Fahrplan ist aufgrund stark gestiegener Kosten 15 Jahre nach der Flut nur noch Illusion. Inzwischen ist kaum mehr bekannt, dass es überhaupt einmal Taktverkehr auf unserer Schmalspurbahn gab. Lediglich zum jeweils Mitte Juli stattfindenden Schmalspurbahnfestival wird auch heute noch eine ähnliche Zugdichte erreicht. Sammlung: Stefan Müller**

Die Bahn 

# Schienenersatzverkehr
# Freital-Hainsberg – Kurort Kipsdorf
# ab 02.09.2002 bis auf weiteres

## von Freital-Hainsberg nach Dippoldiswalde

| Bahnhof | Zug | | 27820 Mo – Fr | 27822 | 27824 | 27826 | 27828 | 27830 | 27832 | 27834 | 27836 bis 31.10.02 |
|---|---|---|---|---|---|---|---|---|---|---|---|
| *Anschluss-SEV von Dresden* | | *an* | *5.06* | *6.36* | *8.36* | *10.36* | *12.36* | *14.36* | *16.36* | *18.36* | *20.36* |
| *Anschluss-SEV von Tharandt* | | *an* | *4.54* | *6.23* | *8.23* | *10.23* | *12.23* | *14.23* | *16.23* | *18.23* | *20.23* |
| | SEV - Haltestelle | | Fahrplan für Schienenersatzverkehr | | | | | | | | |
| Freital-Hainsberg | Bahnhofsvorplatz | ab | 5.11 | 6.41 | 8.41 | 10.41 | 12.41 | 14.41 | 16.41 | 18.41 | 20.41 |
| Freital-Coßmannsdorf | am Bahnhof | ab | 5.17 | 6.47 | 8.47 | 10.47 | 12.47 | 14.47 | 16.47 | 18.47 | 20.47 |
| Rabenau | Am Markt | ab | 5.25 | 6.55 | 8.55 | 10.55 | 12.55 | 14.55 | 16.55 | 18.55 | 20.55 |
| Rabenau | am Bahnhof | ab | 5.28 | 6.58 | 8.58 | 10.58 | 12.58 | 14.58 | 16.58 | 18.58 | 20.58 |
| Rabenau | Abzw Spechtritz | ab | 5.32 | 7.02 | 9.02 | 11.02 | 13.02 | 15.02 | 17.02 | 19.02 | 21.02 |
| Seifersdorf | Weißeritzbrücke | ab | 5.43 | 7.13 | 9.13 | 11.13 | 13.13 | 15.13 | 17.13 | 19.13 | 21.13 |
| Malter | Bad | ab | 5.50 | 7.20 | 9.20 | 11.20 | 13.20 | 15.20 | 17.20 | 19.20 | 21.20 |
| Dippoldiswalde | am Bahnhof | an | 6.00 | 7.30 | 9.30 | 11.30 | 13.30 | 15.30 | 17.30 | 19.30 | 21.30 |

## von Dippoldiswalde nach Freital-Hainsberg

| Bahnhof | Zug | | 27821 Mo – Fr | 27823 Mo – Fr | 27825 | 27827 | 27829 | 27831 | 27833 | 27835 | 27837 |
|---|---|---|---|---|---|---|---|---|---|---|---|
| | SEV - Haltestelle | | Fahrplan für Schienenersatzverkehr | | | | | | | | |
| Dippoldiswalde | am Bahnhof | ab | 6.00 | 7.30 | 9.30 | 11.30 | 13.30 | 15.30 | 17.30 | 19.30 | 21.30 |
| Malter | Bad | ab | 6.08 | 7.38 | 9.38 | 11.38 | 13.38 | 15.38 | 17.38 | 19.38 | 21.38 |
| Seifersdorf | Weißeritzbrücke | ab | 6.18 | 7.48 | 9.48 | 11.48 | 13.48 | 15.48 | 17.48 | 19.48 | 21.48 |
| Rabenau | Abzw Spechtritz | ab | 6.27 | 7.57 | 9.57 | 11.57 | 13.57 | 15.57 | 17.57 | 19.57 | 21.57 |
| Rabenau | am Bahnhof | ab | 6.30 | 8.00 | 10.00 | 12.00 | 14.00 | 16.00 | 18.00 | 20.00 | 22.00 |
| Rabenau | Am Markt | ab | 6.34 | 8.04 | 10.04 | 12.04 | 14.04 | 16.04 | 18.04 | 20.04 | 22.04 |
| Freital-Coßmannsdorf | am Bahnhof | ab | 6.44 | 8.14 | 10.14 | 12.14 | 14.14 | 16.14 | 18.14 | 20.14 | 22.14 |
| Freital-Hainsberg | am Bahnhof | an | 6.48 | 8.18 | 10.18 | 12.18 | 14.18 | 16.18 | 18.18 | 20.18 | 22.18 |
| *Anschluss-SEV nach Dresden* | | *ab* | *6.53* | *8.23* | *10.23* | *12.23* | *14.23* | *16.23* | *18.23* | *20.23* | *22.23* |
| *Anschluss-SEV nach Tharandt* | | *ab* | *7.06* | *8.36* | *10.36* | *12.36* | *14.36* | *16.36* | *18.36* | *20.36* | *22.36* |

Hinweis: Mo – Fr = verkehrt Montag bis Freitag, nicht 03., 31. Oktober, 20. November 2002

SEV – Schienenersatzverkehr: Die Mitnahme von Fahrrädern und Kinderwagen in den Bussen ist nur eingeschränkt möglich!

**In den Bussen des SEV gelten sowohl der Tarif des Verkehrsverbundes Oberelbe als auch der Schmalspurtarif (TPBS).**

Bitte beachten Sie weiterhin, dass aufgrund der Straßenverhältnisse auch im SEV vorerst eine Bedienung des Abschnitts Dippoldiswalde – Kurort Kipsdorf nicht möglich ist.

Fahrplandaten unterliegen Änderungen. Eine rechtliche Gewähr der Angaben kann daher nicht übernommen werden. Wir bitten um Ihr Verständnis.

**Auf A5-Handzetteln veröffentlichte die DB AG den ab September 2002 gültigen Schienenersatzfahrplan. Damals dachte wohl niemand, dass es noch über sechs Jahre dauern würde, bis wieder ein Zugfahrplan gültig werden sollte.**
**Auch die Busse fahren mit Ausnahme der 1. Tour im Zwei-Stunden-Takt. Interessant ist der Hinweis, dass sowohl der Tarif des Verkehrsverbundes Oberelbe als auch der Schmalspurtarif Gültigkeit besitzen. Sammlung: Stefan Müller**

## Weißeritztalbahn zum Kleinbahnfest am 01. und 02. Dezember 2007

| Zugnummer | | 10 (A) | 12 (B) | 14 | 16 | 18 | 20 | 22 | 24 | 26 |
|---|---|---|---|---|---|---|---|---|---|---|
| Freital-Hainsberg | ab | 09:55 | 09:55 | 10:55 | 11:55 | 12:55 | 13:55 | 14:55 | 15:55 | 16:55 |
| Freital-Coßmannsdorf | an | 10:00 | 10:00 | 11:00 | 12:00 | 13:00 | 14:00 | 15:00 | 16:00 | 17:00 |
| Freital-Coßmannsdorf | ab | | | | | | | | | |
| Rabenauer Grund km 2,5* | an | | | | | | | | | |

| Zugnummer | | 11 (A) | 13 (B) | 15 | 17 | 19 | 21 | 23 | 25 | 27 |
|---|---|---|---|---|---|---|---|---|---|---|
| Rabenauer Grund km 2,5* | ab | | | | | | | | | |
| Freital-Coßmannsdorf | an | | | | | | | | | |
| Freital-Coßmannsdorf | ab | 10:32 | 10:17 | 11:17 | 12:17 | 13:17 | 14:17 | 15:17 | 16:17 | 17:17 |
| Freital-Hainsberg | an | 10:37 | 10:22 | 11:22 | 12:22 | 13:22 | 14:22 | 15:22 | 16:22 | 17:22 |

A = verkehrt nur am Samstag, den 01.12.07
B = verkehrt nur am Sonntag, den 02.12.07
* = ohne Ein- und Ausstieg

**So sah der Fahrplan zum letzten Kleinbahnadvent aus, bevor im Folgejahr die Weißeritztalbahn bis Dippoldiswalde wiedereröffnet wurde. Darunter der von Dezember 2008 bis Juni 2017 unverändert gültige Fahrplan. Sammlung: Stefan Müller**

## Der Fahrplan

| *S 3, RB 30 von Dresden* | *7:18* | *9:18* | *11:48* | *13:48* | *16:18* | *18:18* |
|---|---|---|---|---|---|---|
| *S 3, RB 30 von Tharandt* | *7:38* | *9:38* | *12:08* | *14:08* | *16:38* | *18:38* |
| **Freital-Hainsberg – Dippoldiswalde** | | | | | | |
| Wochentage | täglich | täglich | täglich | täglich | täglich | täglich |
| Zug-Nr: | P 5000 | P 5002 | P 5004 | P 5006 | P 5008 | P 5010 |
| Freital-Hainsberg (184 m) | 7:42 | 9:42 | 12:12 | 14:12 | 16:42 | 18:42 |
| Freital-Coßmannsdorf (192 m) | 7:47 | 9:47 | 12:17 | 14:17 | 16:47 | 18:47 |
| Rabenau (250 m) | 7:59 | 9:59 | 12:29 | 14:29 | 16:59 | 18:59 |
| Spechtritz (274 m) | 8:06 | 10:06 | 12:36 | 14:36 | 17:06 | 19:06 |
| Seifersdorf (301 m) | 8:11 | 10:11 | 12:41 | 14:41 | 17:11 | 19:11 |
| Malter (335 m) | 8:18 | 10:18 | 12:48 | 14:48 | 17:18 | 19:18 |
| Dippoldiswalde (348 m) | 8:27 | 10:27 | 12:57 | 14:57 | 17:27 | 19:27 |

| **Dippoldiswalde – Freital-Hainsberg** | | | | | | |
|---|---|---|---|---|---|---|
| Wochentage | täglich | täglich | täglich | täglich | täglich | täglich |
| Zug-Nr: | P 5001 | P 5003 | P 5005 | P 5007 | P 5009 | P 5011 |
| Dippoldiswalde (348 m) | 8:40 | 10:40 | 13:10 | 15:10 | 17:40 | 19:40 |
| Malter (335 m) | 8:50 | 10:50 | 13:20 | 15:20 | 17:50 | 19:50 |
| Seifersdorf (301 m) | 8:57 | 10:57 | 13:27 | 15:27 | 17:57 | 19:57 |
| Spechtritz (274 m) | 9:02 | 11:02 | 13:32 | 15:32 | 18:02 | 20:02 |
| Rabenau (250 m) | 9:09 | 11:09 | 13:39 | 15:39 | 18:09 | 20:09 |
| Freital-Coßmannsdorf (192 m) | 9:21 | 11:21 | 13:51 | 15:51 | 18:21 | 20:21 |
| Freital-Hainsberg (184 m) | 9:26 | 11:26 | 13:56 | 15:56 | 18:26 | 20:26 |
| *S 3, RB 30 nach Dresden* | *9:38* | *11:38* | *14:08* | *16:08* | *18:38* | *20:38* |
| *S 3, RB 30 nach Tharandt* | *9:48* | *11:48* | *14:18* | *16:18* | *18:48* | *20:48* |

Fahrplan gültig vom 14.12.2008 bis 12.12.2009

**Infos zu Tarif und Fahrplan:**
**VVO-InfoHotline** (01 80) 22 66 22 66 (6 Cent pro Anruf aus dem dt. Festnetz)
und Telefon: (03 52 07) 89 29-0, **www.OberelbeTours.de,**
**www.loessnitzgrundbahn.de, www.weisseritztalbahn.com**
**Gruppenreservierung über Oberelbe Tours:**

## Der Tarif

**Preisstufen für Freital-Hainsberg bis Dippoldiswalde (Weißeritztalbahn)**

| | | F-H | F-C | Rab | Spe | Seif | Mal | Dip |
|---|---|---|---|---|---|---|---|---|
| F-H | Freital-Hainsberg | - | 1 | 2 | 3 | 3 | 3 | 3 |
| F-C | Freital-Coßmannsdorf | 1 | - | 2 | 3 | 3 | 3 | 3 |
| Rab | Rabenau | 2 | 2 | - | 1 | 2 | 3 | 3 |
| Spe | Spechtritz | 3 | 3 | 1 | - | 1 | 2 | 3 |
| Seif | Seifersdorf | 3 | 3 | 2 | 1 | - | 1 | 3 |
| Mal | Malter | 3 | 3 | 3 | 2 | 1 | - | 2 |
| Dip | Dippoldiswalde | 3 | 3 | 3 | 3 | 3 | 2 | - |

| **Preisstufen** | **1** | **2** | **3** |
|---|---|---|---|
| **Einzelfahrt** | | | |
| normal; einfache Fahrt | 2,00 EUR | 4,00 EUR | 7,00 EUR |
| normal; Hin- und Rückfahrt | 4,00 EUR | 8,00 EUR | 14,00 EUR |
| ermäßigt*; einfache Fahrt | 1,00 EUR | 2,00 EUR | 3,00 EUR |
| ermäßigt*; Hin- und Rückfahrt | 2,00 EUR | 4,00 EUR | 6,00 EUR |
| **Familienkarte** | | | |
| (2 Erwachsene und mind. 1 bis max. 4 Kinder) | | | |
| einfache Fahrt | 9,00 EUR | 9,00 EUR | 16,00 EUR |
| Tageskarte | 18,00 EUR | 18,00 EUR | 32,00 EUR |
| **SGD-Kombikarte**** | | | |
| (gültig auf der Weißeritztalbahn, Lößnitzgrundbahn und Fichtelbergbahn) | | | |
| normal, 10 Einzelfahrten | 50,00 EUR | 50,00 EUR | 50,00 EUR |
| ermäßigt*, 10 Einzelfahrten | 25,00 EUR | 25,00 EUR | 25,00 EUR |
| **Gruppenkarte/Person** | | | |
| ab 10 Personen; einfache Fahrt | 1,80 EUR | 3,60 EUR | 6,30 EUR |
| ab 10 Personen; Hin- und Rückfahrt | 3,60 EUR | 7,20 EUR | 12,60 EUR |
| ab 25 Personen (incl. RL); einfache Fahrt | 1,60 EUR | 3,20 EUR | 5,60 EUR |
| ab 25 Personen (incl. RL); Hin- und Rückfahrt | 3,20 EUR | 6,40 EUR | 11,20 EUR |
| Reiseleiter (RL) | je 24 zahlende Personen 1 Reiseleiter kostenfrei | | |
| **Kindergruppenkarte/Person***** | | | |
| (Kinder von 6 bis 14 Jahre) | | | |
| ab 10 Kinder; einfache Fahrt | 1,00 EUR | 2,00 EUR | 2,00 EUR |
| ab 10 Kinder; Hin- und Rückfahrt | 2,00 EUR | 4,00 EUR | 4,00 EUR |
| Betreuer | ab 10 Kinder 2 Betreuer kostenfrei, je weitere 20 Kinder zusätzlich 1 Betreuer kostenfrei | | |
| **Fahrrad, Hund oder Gepäck im Packwagen** | | | |
| einfache Fahrt | 2,00 EUR | 2,00 EUR | 2,00 EUR |
| **Familienfahrradkarte in Verbindung mit gültiger Familienfahrt** | | | |
| einfache Fahrt pro Fahrrad | 1,00 EUR | 1,00 EUR | 1,00 EUR |

gültig ab 14.12.2008, Gültigkeit 1 Tag, keine Fahrtunterbrechung

28

**Fahrplan** gültig vom 19.06. bis 09.12.2017 (außer Sonderverkehrstage vom 30.09. bis 03.10. sowie 02.12. und 03.12.2017) WEIßERITZTALBAHN

**Freital-Hainsberg – Dippoldiswalde – Kurort Kipsdorf**

| | | | | | |
|---|---|---|---|---|---|
| S3, RB 30 von Dresden* | | an | 9.19 | 13.19 | 15.35 Mo-Fr<br>15.19 |
| S3, RB 30 von Tharandt* | | an | 9.08 | 13.08 | 15.38 |
| Wochentage | | | täglich | täglich | täglich |
| Zug-Nr. | km | | P 5000 | P 5002 | P 5004 |
| **Freital-Hainsberg** (184 m) | 0,0 | ab | 9.25 | 13.22 | 15.42 |
| Freital-Coßmannsdorf (192 m) | 1,6 | ab | 9.31 | 13.27 | 15.48 |
| Rabenau (250 m) | 5,3 | ab | 9.43 | 13.39 | 16.00 |
| Spechtritz (274 m) | 6,9 | ab | 9.50 | 13.46 | 16.07 |
| Seifersdorf (301 m) | 8,8 | ab | 9.56 | 13.52 | 16.13 |
| Malter (335 m) | 10,9 | ab | 10.02 | 13.58 | 16.19 |
| **Dippoldiswalde** (348 m) | 15,0 | an | 10.11 | 14.07 | 16.28 |
| | 15,0 | ab | 10.18 | - | 16.35 |
| Ulberndorf (374 m) | 17,5 | ab | 10.26 | - | 16.43 |
| Obercarsdorf (395 m) | 19,0 | ab | 10.31 | - | 16.48 |
| Schmiedeberg-Naundorf (427 m) | 20,9 | ab | 10.36 | - | 16.53 |
| Schmiedeberg (444 m) | 22,2 | ab | 10.41 | - | 16.58 |
| Buschmühle (463 m) | 23,5 | ab | 10.44 | - | 17.01 |
| **Kurort Kipsdorf** (534 m) | 26,3 | an | 10.51 | - | 17.08 |

**Kurort Kipsdorf – Dippoldiswalde – Freital-Hainsberg**

| | | | | | |
|---|---|---|---|---|---|
| Wochentage | | | täglich | täglich | täglich |
| Zug-Nr. | km | | P 5001 | P 5003 | P 5005 |
| **Kurort Kipsdorf** (534 m) | 26,3 | ab | 11.11 | - | 17.28 |
| Buschmühle (463 m) | 23,5 | ab | 11.17 | - | 17.34 |
| Schmiedeberg (444 m) | 22,2 | ab | 11.21 | - | 17.38 |
| Schmiedeberg-Naundorf (427 m) | 20,9 | ab | 11.26 | - | 17.43 |
| Obercarsdorf (395 m) | 19,0 | ab | 11.31 | - | 17.48 |
| Ulberndorf (374 m) | 17,5 | ab | 11.36 | - | 17.53 |
| **Dippoldiswalde** (348 m) | 15,0 | an | 11.43 | - | 18.00 |
| | 15,0 | ab | 11.45 | 14.20 | 18.02 |
| Malter (335 m) | 10,9 | ab | 11.55 | 14.30 | 18.12 |
| Seifersdorf (301 m) | 8,8 | ab | 12.01 | 14.36 | 18.18 |
| Spechtritz (274 m) | 6,9 | ab | 12.07 | 14.42 | 18.24 |
| Rabenau (250 m) | 5,3 | ab | 12.14 | 14.49 | 18.31 |
| Freital-Coßmannsdorf (192 m) | 1,6 | ab | 12.26 | 15.01 | 18.43 |
| **Freital-Hainsberg** (184 m) | 0,0 | an | 12.30 | 15.05 | 18.47 |
| S3, RB 30 nach Dresden* | | ab | 12.38 | 15.08 | 19.08 |
| S3, RB 30 nach Tharandt* | | ab | 12.49 | 15.19 | 19.19 |

**Vollsperrung vom 06.11. bis 17.11.2017 wegen Wartungsarbeiten. Die Züge verkehren im Schienenersatzverkehr (SEV).**

= Zug führt bis 15.10.2017 einen offenen Aussichtswagen (Änderungen vorbehalten).

* = Angaben ohne Gewähr

Zum Schmalspurbahn-Festival am 15. und 16.07.2017 gilt ein Sonderfahrplan, der separat veröffentlicht wird.

Anreisetipp:
Mit Bus, S-Bahn S3 oder Zug zur Weißeritztalbahn

Fahrplan- und Tarifinfos unter www.vvo-online.de oder VVO-InfoHotline 0351 8526555

SDG Ihr Partner im VVO

**Fahrplan – Sonderverkehrstage** gültig vom 30.09. bis 03.10. sowie 02.12. und 03.12.2017 WEIßERITZTALBAHN

**Freital-Hainsberg – Dippoldiswalde – Kurort Kipsdorf**

| | | | | | | | |
|---|---|---|---|---|---|---|---|
| S3, RB 30 von Dresden* | | an | 9.19 | 11.19 | 13.19 | 15.19 | 17.19 |
| S3, RB 30 von Tharandt* | | an | 9.08 | 11.08 | 13.08 | 15.38 | 17.38 |
| Wochentage | | | täglich | täglich | täglich | täglich | täglich |
| Zug-Nr. | km | | P 5200 | P 5202 | P 5204 | P 5206 | P 5208 |
| **Freital-Hainsberg** (184 m) | 0,0 | ab | 9.25 | 11.25 | 13.22 | 15.42 | 17.42 |
| Freital-Coßmannsdorf (192 m) | 1,6 | ab | 9.31 | 11.31 | 13.27 | 15.48 | 17.48 |
| Rabenau (250 m) | 5,3 | ab | 9.43 | 11.43 | 13.39 | 16.00 | 18.00 |
| Spechtritz (274 m) | 6,9 | ab | 9.50 | 11.50 | 13.46 | 16.07 | 18.07 |
| Seifersdorf (301 m) | 8,8 | ab | 9.56 | 12.03 | 13.52 | 16.13 | 18.20 |
| Malter (335 m) | 10,9 | ab | 10.02 | 12.09 | 13.58 | 16.19 | 18.26 |
| **Dippoldiswalde** (348 m) | 15,0 | an | 10.11 | 12.18 | 14.07 | 16.28 | 18.35 |
| | 15,0 | ab | 10.18 | 12.25 | 14.20 | 16.35 | - |
| Ulberndorf (374 m) | 17,5 | ab | 10.26 | 12.33 | 14.28 | 16.43 | - |
| Obercarsdorf (395 m) | 19,0 | ab | 10.31 | 12.38 | 14.33 | 16.48 | - |
| Schmiedeberg-Naundorf (427 m) | 20,9 | ab | 10.36 | 12.43 | 14.38 | 16.53 | - |
| Schmiedeberg (444 m) | 22,2 | ab | 10.41 | 12.48 | 14.43 | 16.58 | - |
| Buschmühle (463 m) | 23,5 | ab | 10.44 | 12.51 | 14.47 | 17.01 | - |
| **Kurort Kipsdorf** (534 m) | 26,3 | an | 10.51 | 12.58 | 14.54 | 17.08 | - |

**Kurort Kipsdorf – Dippoldiswalde – Freital-Hainsberg**

| | | | | | | | |
|---|---|---|---|---|---|---|---|
| Wochentage | | | täglich | täglich | täglich | täglich | täglich |
| Zug-Nr. | km | | P 5201 | P 5203 | P 5205 | P 5207 | P 5209 |
| **Kurort Kipsdorf** (534 m) | 26,3 | ab | 11.11 | 13.42 | 15.20 | 17.28 | - |
| Buschmühle (463 m) | 23,5 | ab | 11.17 | 13.48 | 15.26 | 17.34 | - |
| Schmiedeberg (444 m) | 22,2 | ab | 11.21 | 13.52 | 15.30 | 17.38 | - |
| Schmiedeberg-Naundorf (427 m) | 20,9 | ab | 11.26 | 13.57 | 15.35 | 17.43 | - |
| Obercarsdorf (395 m) | 19,0 | ab | 11.31 | 14.02 | 15.40 | 17.48 | - |
| Ulberndorf (374 m) | 17,5 | ab | 11.36 | 14.07 | 15.45 | 17.53 | - |
| **Dippoldiswalde** (348 m) | 15,0 | an | 11.43 | 14.14 | 15.52 | 18.00 | - |
| | 15,0 | ab | 11.45 | 14.20 | 15.54 | 18.02 | 18.48 |
| Malter (335 m) | 10,9 | ab | 11.55 | 14.30 | 16.04 | 18.12 | 18.58 |
| Seifersdorf (301 m) | 8,8 | ab | 12.01 | 14.36 | 16.15 | 18.18 | 19.04 |
| Spechtritz (274 m) | 6,9 | ab | 12.07 | 14.42 | 16.21 | 18.24 | 19.10 |
| Rabenau (250 m) | 5,3 | ab | 12.14 | 14.49 | 16.28 | 18.31 | 19.17 |
| Freital-Coßmannsdorf (192 m) | 1,6 | ab | 12.26 | 15.01 | 16.40 | 18.43 | 19.29 |
| **Freital-Hainsberg** (184 m) | 0,0 | an | 12.30 | 15.05 | 16.44 | 18.47 | 19.33 |
| S3, RB 30 nach Dresden* | | ab | 12.38 | 15.08 | 17.08 | 19.08 | 19.38 |
| S3, RB 30 nach Tharandt* | | ab | 12.49 | 15.19 | 16.49 | 19.19 | 19.49 |

= Zug führt bis 15.10.2017 einen offenen Aussichtswagen (Änderungen vorbehalten).

* = Angaben ohne Gewähr

= planmäßige Zugkreuzung (Änderungen vorbehalten)

Anreisetipp: Mit Bus, S-Bahn S3 oder Zug zur Weißeritztalbahn

Fahrplan- und Tarifinfos unter www.vvo-online.de oder VVO-InfoHotline 0351 8526555

SDG Ihr Partner im VVO

29

**Der 2017 gültige Fahrplan. Dieser kann auch als Grundlage für die Reiseplanung im Jahr 2018 herangezogen werden, da es keine Änderungen der Abfahrtszeiten gibt. Der Sonderfahrplan mit Zwei-Zug-Betrieb ist nur an wenigen ausgewählten Tagen im Jahr gültig. Sammlung: Stefan Müller**

Mit dem aktuell gültigen Fahrplan endet dieses Kapitel. In den 135 Betriebsjahren haben sich nicht nur Änderungen bezüglich der Fahrzeiten und Zugdichte ergeben, sondern auch in der optischen Gestaltung der Fahrplaninformationen. Auch wenn es bei der DB AG kein Kursbuch mehr gibt, kann die Weißeritztalbahn nach wie vor in einem selbigen gefunden werden und zwar im SDG-Kursbuch. Dieses enthält für die Strecken Cranzahl - Kurort Oberwiesenthal, Radebeul Ost - Radeburg sowie Freital-Hainsberg - Kurort Kipsdorf alle notwendigen Informationen für eine Mitfahrt. Gleichzeitig kann es als Anregung für eine interessante und erlebnisreiche Fahrt auf den anderen Strecken der SDG genutzt werden.

## 6 Eine Fahrt mit der neuen Weißeritztalbahn

Kurz nach 9 Uhr treffen wir im Bahnhof **Freital-Hainsberg** ein. Vom oben liegenden Regionalbahnsteig schauen wir hinunter zum Lokschuppen der Schmalspurbahn. Am Kohlebansen füllt unsere Zuglokomotive bereits ihre Betriebsvorräte auf.
Nach dem Anfertigen einiger Fotos steigen wir hinab in die Bahnhofshalle, wo schon mehrere Reisende in der Fahrkartenagentur der IG Weißeritztalbahn nach Fahrscheinen anstehen. Nach wenigen Minuten sind auch wir an der Reihe. *„Dreimal bis Kurort Kipsdorf bitte!"*

**Am 2. Juni 2016 wird 99 1746 bekohlt und startet wenige Minuten später zur Fahrt nach Dippoldiswalde. Foto: Stefan Müller**

**Im November 2017 jährte sich die Eröffnung des Streckenabschnittes Freital-Hainsberg - Schmiedeberg zum 135. Male. 99 1734-5 war deshalb mit Jubiläumsschild unterwegs, hier am 02.11.2017 vor Freital-Coßmannsdorf. Foto: Gerd Göpfert**

Unser Interesse weckt auch die hier erhältliche Bahnliteratur, schließlich gibt es ein umfangreiches Angebot an Souvenirs. Kurz danach stehen wir am Zug nach Kipsdorf und fotografieren, wie sich unsere Dampflok langsam vor den Zug setzt. Es folgt die Bremsprobe und etwas später heißt es: *„Alles einsteigen bitte!"* Ein Pfiff ertönt. Pünktlich 9:25 Uhr beginnt unsere Fahrt im P 5000. Am Lokschuppen und der im Bau befindlichen Instandhaltungswerkstatt vorbei führt die Reise ins Osterzgebirge. Gleich nach der Bahnhofsausfahrt steigt das Gleis an, um das Niveau der Hauptbahn Dresden-Werdau zu erreichen. Einige hundert Meter verlaufen die Gleise parallel, doch auf der Hauptbahn kommt in diesem Moment nichts gefahren, der Fotoapparat bleibt also ungenutzt. Kurz darauf schwenkt unser Schmalspurzug linksseitig von der Hauptstrecke weg. An Gärten und einigen Wohnhäusern vorbei fahren wir in den Haltepunkt **Freital-Coßmannsdorf** ein.

Hier steigen weitere Fahrgäste in den bereits gut gefüllten Zug ein. Ihre Autos haben sie gleich in der Nähe am Weißeritzpark abgestellt, an dem wir kurz nach der Abfahrt vorbeikommen. Ein Wandbild mit Schmalspurzug ist hier ein echter Hingucker.

**Am Weißeritzpark vorbei verlässt die Lok 20 der Mansfelder Bergwerksbahn den Haltepunkt Freital-Coßmannsdorf.**

**99 1771-7 fährt am 19.04.2014 in den romantischen Rabenauer Grund ein. Fotos: Stefan Müller**

Gleich danach folgt das erste Highlight unserer Tour, die Fahrt durch den grünen und wildromantischen Rabenauer Grund! Über Brücken geht es immer in unmittelbarer Nähe zur heute friedlich dahinfließenden Weißeritz dampfend nach **Rabenau**. Im hiesigen Bahnhof können zu besonderen Veranstaltungen oft Zugkreuzungen beobachtet werden. Heute ist dies jedoch nicht der Fall, denn an einem gewöhnlichen Reisetag herrscht Einzug-Betrieb auf der Strecke, das heißt, es finden generell keine Zugkreuzungen statt. Nach dem Fahrgastwechsel setzen wir unsere Fahrt mit dem nächsten Höhepunkt fort. Denn wenige hundert Meter später überqueren wir die Stabbogenbrücke im Rabenauer Grund, ein seit der Wiederaufnahme des Fahrbetriebs im Dezember 2008 häufig angesteuertes Ziel vieler Eisenbahnfotografen.

Nach wenigen Minuten Fahrzeit erreichen wir den nächsten Haltepunkt, **Spechtritz**. Hier steigen einige Wanderer aus, die nach Freital entlang der Weißeritz zurücklaufen wollen. Wir bleiben hingegen im Zug und fahren weiter Richtung Kipsdorf. Die Steigung nimmt nun merklich zu, schließlich muss Höhe gewonnen werden, um später in Malter die Krone der Talsperrenmauer zu erreichen.

Bevor es soweit ist, fahren wir in den sehenswerten Bahnhof **Seifersdorf** ein. Hier ist eine Arbeitsgruppe der IG Weißeritztalbahn aktiv und hält das historische Gebäudeensemble liebevoll in Schuss. Blumenkästen schmücken das Ensemble und zu besonderen Anlässen werden einige sonst im historischen Güterboden eingestellten Exponate der IG, wie ein Gleisfahrrad oder eine Modellbahnanlage, präsentiert.

**99 1734-5 fährt in den Haltepunkt Spechtritz ein und wird dabei von Kevin Steckel im Bild festgehalten.**

**Zugkreuzung in Seifersdorf. Dieses Szenario kann mehrmals im Jahr bei Zweizug-Betrieb erlebt werden.**
**Hier sehen wir die Kreuzung von dem mit 99 1734-5 bespannten Planzug und dem von der IV K 176 gezogenen Radebeuler Traditionszug beim Schmalspurbahnfestival 2014.**
**Foto: Stefan Müller**

Gern würden wir hier noch ein bisschen verweilen, doch schon ertönt der Abfahrtspfiff. Nun heißt es Volldampf voraus! Mächtig schnaufend erklimmt unser Zug die nächsten Höhenmeter. Wir fahren durch herrlich grüne Wälder, bis die Mauerkrone der Talsperre Malter erreicht ist.

Nach einem ersten Blick auf die Talsperre fahren wir auch schon in den Bahnhof **Malter** ein. Auch hier wird das Gebäudeensemble von den Mitgliedern der IG Weißeritztalbahn mit viel Engagement gepflegt, was wir Fahrgäste sofort erkennen. Einige mitreisende Badegäste verlassen nun unseren Zug und streben dem in unmittelbarer Bahnhofsnähe befindlichem Strandbad zu. Andere wollen sich ein Boot mieten und über die Talsperre Malter paddeln. Und es gibt auch einige Fahrgäste, die hier in unseren Zug einsteigen. Sie kommen vom in der Nähe gelegenen Campingplatz.

**Nach einem kurzen Halt in Malter setzt sich der P 5000 am 08.05.2017 wieder in Bewegung und fährt wenige Augenblicke später über die Talsperre Malter.**
**Foto: Stefan Müller**

**Ein interessantes Motiv mit den beiden Brücken über den Bormannsgrund bietet sich bei einer Kahnfahrt auf der Talsperre Malter. Hier am 25.04.2009 mit 99 1761-8 auf Bergfahrt.**
**Foto: Thomas Böttger**

Während wir die zugestiegenen Fahrgäste begrüßen, setzt sich unser P 5000 auch schon wieder in Bewegung. Gleich nach der Bahnhofsausfahrt steht ein weiterer Höhepunkt der Fahrt an, die Überquerung der Bormannsgrundbrücke mit herrlichem Blick über die Talsperre Malter bis nach Paulsdorf. Vom See aus winken uns einige Bootsausflügler zu. Ehe wir zurückwinken können, sind die Sportler schon aus unserem Blickfeld verschwunden. Doch auch in den nächsten Minuten bleibt die Talsperre unser Begleiter und wir schauen auf badende und angelnde Zeitgenossen. Ob letztere wohl Erfolg haben werden? Nach dem Verlassen der Vorsperre erreichen wir die Stadt Dippoldiswalde. Zunächst passieren wir die Feuerwehr, danach wird die „blaue" Brücke überquert. Kurz erhaschen wir einen Blick auf die am Gleis gelegene und gut gepflegte Gartenanlage. Schnell wechseln wir die Seite, um rechts vom Zug die leider inzwischen recht heruntergekommene Ratsmühle nicht zu verpassen.

**Am 2. August 2015 fährt an der Ratsmühle der von 99 1746-9 bespannte Zuckertütenexpress der SDG vorbei. Foto: Stefan Müller**

Am 2016 eingeweihten Polypark vorbeifahrend, kommen wir pünktlich um 10:11 Uhr im Bahnhof **Dippoldiswalde** an. Hier steigen wir kurz aus und schauen beim Wassernehmen unserer Lok zu. Viele Eisenbahnfans nutzen die siebenminütige Pause ebenfalls zum Anfertigen von Erinnerungsfotos. Die Dampflok am Wasserkran ist dafür bestens geeignet. Nach drei Minuten sind die Wasserreserven bereits wieder aufgefüllt, sodass wir gemütlich zu unserem Wagen zurückkehren.

10:18 Uhr ertönt der Abfahrtspfiff des Zugführers, welchen der Lokführer mit einem Pfiff seiner Maschine beantwortet. Kräftig schnaufend setzt sich unser Zug in Bewegung. Wir schauen links aus dem Fenster und erkennen im Hintergrund die Dippoldiswalder Stadtkirche sowie das Schloss. Wir nehmen uns vor, bei unserer nächsten Tour in „Dipps" auszusteigen, um diese alten Bauten zu erkunden!

Mit Volldampf verlässt der Traditionszug mit den beiden IV K-Lokomotiven 132 und 145 den Bahnhof Dippoldiswalde. Foto: Jörg Müller (16.07.2017)

99 1793-1 beschleunigt den P 5000 am 3. Dezember 2017 aus dem Bahnhof Dippoldiswalde vor der Kulisse der Stadtkirche. Foto: Stefan Müller

Herrliche Dampfwolken über 99 1793-1! Diese ist mit ihrem Personenzug auf der Fahrt nach Kurort Kipsdorf. Foto: Jörg Müller

Vor dem Dippoldiswalder Ortsausgang passieren wir noch einige Fabrikruinen, bevor die Stelle erreicht wird, an der die Strecke bis 2002 die parallele Bundesstraße 170 querte. Doch seit dem Wiederaufbau verbleiben wir rechtseitig der Straße und fahren in den Ort Ulberndorf ein. Einige Häuser sind links vom Zug zu erkennen, rechts begleitet uns die Weißeritz. Nach der Passage des Ärztehauses überqueren wir die mit einer Lichtsignalanlage gesicherte Bundesstraße und kehren auf die historische Trasse zurück. Vorbei an mehreren Häusern streben wir dem noch gut 500 Meter entferntem Haltepunkt des Ortes zu. Immer wieder muss der Lokführer große Vorsicht walten lassen und die Dampfpfeife betätigen, denn mehrfach werden kleine Straßen sowie Hauseinfahrten passiert. Die Bimmel fährt eben „mitten durchs Dorf".

**Am 30. September 2017 ist 99 713 mit dem P 5202 auf der Neubaustrecke in Ulberndorf unterwegs. Foto: Jörg Müller**

Nach acht Minuten Fahrtzeit ist der Haltepunkt **Ulberndorf** erreicht. Eine Wandergruppe steht hier am Bahnsteig und wartet darauf, die Wagen zu besteigen. So langsam sind alle Plätze belegt.

Weiter geht die Fahrt. An Häusern und Wiesen vorbei schlängelt sich unser Zug in Richtung Obercarsdorf. Fast auf der gesamten Strecke begleiten uns wieder die auf der parallelen B 170 fahrenden Autos. Zunächst fährt ein Auto nach dem nächsten an uns vorbei, doch schon kurz darauf müssen die Fahrzeuge anhalten, denn unser Zug quert am Ortseingang von Obercarsdorf die Bundesstraße und schwenkt nach rechts auf die im Hochwasserfall anhebbare Weißeritzbrücke zu. Unmittelbar danach passieren wir den Gasthof Obercarsdorf sowie eine Bäckerei. Wir schauen zu den Häusern, deren Eingangstüren sich gleich hinter dem Gleis befinden und fahren nur einen Augenblick später in den Bahnhof **Obercarsdorf** ein.

**Am 18. Juni hält die noch vom Eröffnungstag geschmückte 99 1734-5 im Bahnhof Obercarsdorf. Foto: Stefan Müller**

Eine Zugkreuzung findet hier nur noch zu besonderen Anlässen, wie zum Beispiel während des Schmalspurbahnfestivals, statt. Für unseren Zug heißt es also gleich weiterfahren, wenn der Fahrgastwechsel abgeschlossen ist. Aussteigen wollen in dem kleinen Ort nur drei Personen. Zusteigende Fahrgästen sind immerhin sieben zu zählen.
Mit einem Pfiff setzt sich unser P 5000 wieder in Fahrt. Am linken Fenster sehen wir kleine Häuser, rechts ragen hingegen die großen Anlagen der Firma Sachsenküchen empor. Nach dem Passieren eines Bahnübergangs fahren wir am westlichen Talhang entlang zum südlichen Ortsausgang. Links vom Zug schauen wir auf einen Reitplatz, wo einige Kinder ihrem Hobby nachgehen und das Sommerwetter genießen. Die Pferde kennen inzwischen die Geräusche der Dampflok und lassen sich nicht beirren.

**Mit Volldampf von Obercarsdorf nach Schmiedeberg-Naundorf! Im Hintergrund sind die Gebäude der Firma Sachsenküchen zu sehen. Foto: Stefan Müller (03.12.2017)**

Wenig später überqueren wir auf einer Brücke die B 171 in Richtung Frauenstein. Durch ein Waldstück erreichen wir kurz darauf den Haltepunkt **Schmiedeberg-Naundorf**. Ein Pfiff kündigt uns an und dient zudem als Warnung, denn vor dem Haltepunkt wird noch ein Bahnübergang passiert.

**Schmiedeberg-Naundorf wird soeben vom talwärts fahrenden P 5001 erreicht (24.06.2017). Foto: Stefan Müller**

Heute wollen hier weder Personen aus- noch einsteigen. Unser Blick fällt nach der Abfahrt auf das links gelegene Fußballstadion sowie die Trainingsstrecke der Biathleten, bevor uns der Blick durch Bäume versperrt wird. Mächtig dampfend gewinnen wir an Höhe. Denn gleich folgt die spektakulärste Passage auf der Fahrt nach Kipsdorf. Nach einem Rechtsbogen sehen wir das Schmiedeberger Viadukt vor uns. An Häuserdächern vorbei fahren wir hoch oben und dennoch mitten durch das Zentrum der Stadt. Links sticht markant die George-Bähr-Kirche hervor, rechts fällt der Blick ins Pöbeltal. In einer leichten Linkskurve verlassen wir das 170 Meter lange und über zwölf Bögen verfügende Viadukt und fahren in den Bahnhof **Schmiedeberg** ein.

**Mächtig schnaufend passiert 99 1793-1 am 23. Februar 2018 das Wahrzeichen der Weißeritztalbahn. Foto: Stefan Müller**

**Hier der begehrte Blick aus einem stark frequentierten Dachbodenfester am 16.07.2017 auf das Schmiedeberger Viadukt mit 99 1777-4. Foto: Gerd Göpfert**

Nun verlassen uns zwei größere Wandergruppen. Wie wir hören, zieht es die einen zur George-Bähr-Kirche, die anderen zum im Bau befindlichen Staudamm im Pöbeltal. Unser Zug füllt sich erneut, denn eine Kindergruppe unternimmt einen Ausflug nach Kipsdorf. Wenig später rollt unser Zug auch schon wieder an. Vom Westhang der Stadt schauen wir auf Wohnhäuser und auf die Schmiedeberger Gießerei, die zu DDR-Zeiten über eine größere Anschlussbahn verfügte. Leider ist davon nichts erhalten geblieben.
Vom Haltepunkt **Buschmühle**, den wir soeben nach kurzer Fahrt erreicht haben, wurden dem Unternehmen bis 1994 Güterwagen zugestellt. Auch hier erinnert heute nichts mehr an den früheren Güterverkehr.

**Nur noch wenige Meter, dann ist der Haltepunkt Buschmühle erreicht (01.07.2017). Foto: Stefan Müller**

Im Personenverkehr ist die Station heutzutage recht unbedeutend. Auch bei unserem Zug gibt es keine Ein- oder Aussteiger. Also geht es nach dem kurzen Halt unserer Endstation Kipsdorf entgegen. Mächtig dampfend und fauchend bringt unsere Lok den P 5000 auf Geschwindigkeit. Nach wenigen Augenblicken wird die neue Weißeritzbrücke passiert, bevor die Strecke mehrere hundert Meter parallel entlang der B 170 bis zum Ortseingang von Kurort Kipsdorf verläuft. Während Autos mit hoher Geschwindigkeit an uns vorbeirasen, genießen wir die Fahrt durch herrlich grüne Natur. Wenig später entfernt sich die Strecke kurzzeitig von der Straße, da der Lokschuppen umfahren werden muss. Dafür bleibt die Weißeritz ständige Begleiterin unseres Zuges. Nach dem Passieren der Anschlussweiche wird das Stellwerk sichtbar. Bevor wir dieses erreichen, muss jedoch noch einmal die Bundesstraße überquert werden. Mit kräftigen Auspuffschlägen wird nun die letzte Steigung bis zum Bahnhof überwunden, in den wir pünktlich 10:51 Uhr einfahren. Knapp 90 Minuten Fahrt liegen hinter uns, die viel zu schnell vergangen sind!

**Durch blühende Natur strebt am 24. Juni 2017 der von 99 1734-5 bespannte P 5000 auf den letzten Metern seinem Ziel Kurort Kipsdorf entgegen. Foto: Jörg Müller**

**Fast derselbe Standort wie oben: Nur noch wenige hundert Meter hat der P 5000 vor sich, ehe die Fahrt im Bahnhof von Kipsdorf endet. (03.12.2017) Foto: Stefan Müller**

**Ein „Hingucker“ kurz vor Fahrtende: Das Stellwerk in Kipsdorf. Hier fährt am 17. Juni 2017 der Eröffnungszug, gezogen von 99 1793-1 + 99 1734-5, in den Endbahnhof ein. Foto: Kevin Steckel**

In **Kurort Kipsdorf** herrscht reger Fahrgastwechsel. Einige Mitreisende steigen nur kurz aus, um sich das Wassernehmen und Umsetzen der Lok anzuschauen und nach 20 Minuten zurück nach Freital-Hainsberg zu fahren. Die anderen Fahrgäste wollen hier zu einer Wanderung aufbrechen. Sie werden am Abend zurückfahren oder nach Altenberg wandern und retour die Müglitztalbahn nutzen. Aber es steigen auch neue Fahrgäste zu, die hier im Urlaub sind und sich Dippoldiswalde, Rabenau oder Freital ansehen wollen.

Das Lokpersonal hat inzwischen die Maschine abgekuppelt und ist zum Wasserkran gefahren. Beobachtet wird das Auffüllen der Wasservorräte von der in Schmiedeberg eingestiegenen Kindergruppe. Neugierig fragen die Mädchen und Jungen das Personal, warum die Lok Wasser braucht und woher der Dampf kommt. Natürlich werden alle Fragen vom freundlichen Lokpersonal beantwortet. Auch einige Fotografen sind anwesend und halten diesen Moment aus allen Perspektiven auf ihrer Speicherkarte fest. Nachdem wir die Szenerie ebenfalls ausgiebig fotografiert haben, betreten wir das Empfangsgebäude, welches noch über seine originalen Bahnsteigsperren verfügt. Von „oben“ können wir das Umsetzen sowie Ankuppeln der Lokomotive sehr gut beobachten, bevor sich der Zug schon wenig später, um 11:11 Uhr, zu seiner Fahrt nach Freital-Hainsberg wieder in Bewegung setzt. In einigen Stunden werden auch wir die Rückreise antreten, doch bis es um 17:28 Uhr soweit ist, haben wir noch viel Zeit. Nach dem Mittagessen unternehmen wir deshalb einen Ausflug nach Bärenfels mit Besuch des Kurparks. Wir lauschen dort dem Meißner Glockenspiel, ein Genuss für Auge und Ohr. Ein Eis macht die Rückwanderung am späten Nachmittag nach Kipsdorf gleich noch angenehmer. Im Bahnhof angekommen, wartet schon der P 5005 zur Rückfahrt auf uns!

**Kipsdorf ist erreicht! Vor der Rückfahrt heißt es für die Zuglok(s) Wasserreserven auffüllen. Fotos: Stefan Müller (17.06.2017 / 24.06.2017)**

# 7 Literaturverzeichnis


Drosdeck, Holger: Osterzgebirge – Die Weißeritztalbahn. Schmalspurbahn Freital-Hainsberg - Kurort Kipsdorf. SBBMedien, Zittau 2009

Jacobi, Volker / Robeck, Mike: Die neue Weißeritztalbahn Teil 1. FHWE e. V. 2009

Jahn, Dr.-Ing. Klaus: Die Bahnpost der Schmalspurbahn Hainsberg - Kipsdorf. Philatelistenverband im Kulturbund der DDR – BV Dresden – Bezirksarbeitskreis Postgeschichte. Freital 1988

Marks, André / Scholz, Helge: Diesellokomotiven auf den Sächsischen Schmalspurbahnen. SSB Medien, Zittau 2012.

Müller, Stefan / Drosdeck, Holger: Die neue Weißeritztalbahn Teil 2. FHWE e. V. 2017

Preuß, Reiner: Alles über Schmalspurbahnen in Sachsen. transpress Verlag, Stuttgart 2012

Thiel, Hans-Christoph / Eißner, Christian: Wieder unter Dampf – Wiederaufbau der Weißeritztalbahn nach der Augustflut 2002. Edition Sächsische Zeitung, Redaktions- und Verlagsgesellschaft Freital-Pirna, Freital 2017

Thiel, Hans-Christoph: Die Schmalspurbahn Freital-Hainsberg - Kurort Kipsdorf. Verlag Kenning, Nordhorn 1996

Winkler Dr. Andreas / Neidhardt, Ingo (Hrsg.): Die Sächsische I K – Wiedergeburt einer Legende. SSB Medien, 2009

Verschiedene Ausgaben der Sächsischen Zeitung

Privatarchive Armin Bellmann, Günter Börner, Stefan Müller, Heinz Schwarzer


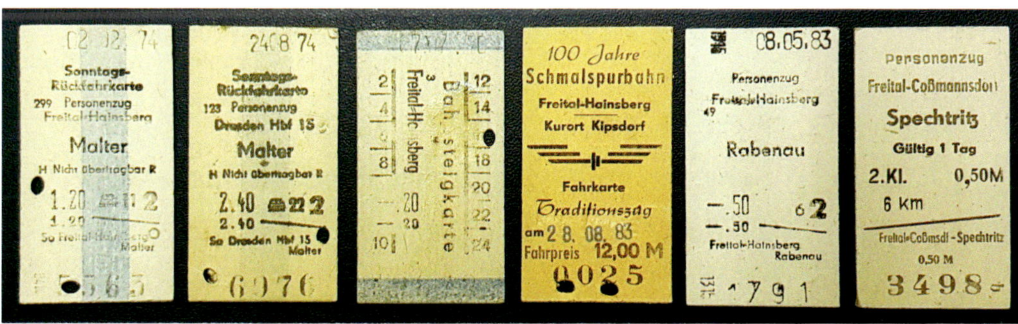


**Fahrkarten aus der Sammlung von Hans-Christoph Thiel.**

## Aus unserem Verlagssortiment

### Entlang der Weißeritz

*Fotografien: Wolfgang Thomas*

In diesem Bildband erleben wir eine fotografische Wanderung durch die Täler der Weißeritz, welche gleichzeitig auch eine Zeitreise darstellt. Bereits im Jahre 1989 hatte der Fotograf den Auftrag, Bilder für einen nicht mehr erschienenen Band zu erstellen.

*Format 16 x 24 cm, 160 Seiten, meist ganzseitige Farbfotos*

**Preis: 19,80 €** **ISBN 978-3-937496-18-4**

### Entlang der Sachsen-Franken-Magistrale

Die Eisenbahnstrecke Dresden - Werdau - Hof

*Steffen Kluttig*

Die Sachsen-Franken-Magistrale war eine der bedeutendsten Bahnstrecken zwischen Sachsen und Bayern. Erstmals gibt es nun eine umfangreiche Publikation über diese Linie. Dafür wurden bisher unbekannte historische Aufnahmen geborgen.

*28,5 x 22,5 cm, 288 Seiten, 240 s/w, 419 Farbfotos, 92 hist. Ak, 19 Zeichnungen*

**Preis: 34,80 €** **ISBN 978-3-937496-69-6**

### Anekdoten und Geschichten zur Müglitztalbahn

Heidenau - Altenberg

*Stefan Müller*

In diesem Band geht es um Episoden über die Müglitztalbahn von der Schmalspurzeit bis in die Gegenwart. Besondere Erwähnung finden dabei auch die Naturereignisse, wie Wintereinbruch und Hochwasser.

*Format 24 x 16 cm, 128 Seiten, 36 s/w und 201 Farbfotos*

**Preis: 15,80 €** **ISBN 978-3-937496-78-8**

### Dampflokzeit in Glauchau

Facetten einer deutsch-deutschen Freundschaft

*Ingo Thiele*

In Glauchau hat es bis heute nicht aufgehört zu dampfen. Das Buch beschreibt die Freundschaft eines Eisenbahnfans aus dem „Westen" zu einer Lokführerfamilie und die Erlebnisse am Schienenstrang in der DDR der 1970er und 1980er Jahre.

*28,5 x 22,5 cm, 160 Seiten 10 s/w und 170 Farbfotos*

**Preis: 26,50 €** **ISBN 978-3-937496-79-5**

### Schienen verbinden Deutschland und Tschechien

*Bernd Kuhlmann*

In diesem Buch werden erstmals alle deutsch-tschechischen Eisenbahnverbindungen umfassend dargestellt. Zahlreiche Zeichnungen und Fotos geben dem Leser die Möglichkeit in die Materie des Grenzverkehrs einzutauchen.

*28,5 x 22,5 cm, 280 Seiten, gebunden, 179 s/w, 336 Farbfotos, 37 historische Ansichtskarten, 67 Zeichn. (Gleispläne,Streckenkarten)*

**Preis: 34,80 €** **ISBN 978-3-937496-80-1**

***Weitere Titel und Einzelheiten sowie Kalender finden Sie unter www.boettger-bildverlag.de.***

**Werbung für die Sonderfahrten der IG Weißeritztalbahn e. V. 2004.**